KB009255

오늘은
쉬고 싶어서
쉽니다

마음 챙기기 좋은 날

정혜윤

채륜

~~~~~

매일 아침은 분주합니다. 그놈의 5분만 때문인가 봅니다. 알람이 울리면 한 번에 벌떡 일어나는 사람이 세상에서 제일 부러운 사람입니다. 나갈 준비를 마치고 마지막으로 챙겨야 할 것들을 확인합니다. 카드지갑 있고, 핸드폰이랑 이어폰도 챙겼고, 아 맞다! 마스크!! 늦을세라 종종걸음으로 집을 나옵니다. 이것저것 잘 챙겨 나온다고 했는데 뭔가 두고 나온 것 같기도 합니다. 혹시 그 두고 나온 것 같은 뭔가가 마음은 아닌가요? 오늘 내 마음은 챙겨 나왔나요?

'마음챙김'이라는 단어를 처음 보고 든 생각은 '마음을 챙겨야 하는 거였나?'라는 질문이었습니다. '챙기다'라는 단어는 '지갑을 챙기다, 우산을 챙기다'와 같이 물건과 함께 쓰는 말이라고 생각했어요. 그렇다면 내 마음이 물건이라도 되는 건가 싶기도 했습니다.

다시 생각해보니 '내 마음은 어디 있지?' 싶더군요. 어디 있는지 알아야 잘 챙길 텐데 마음이 어디에 있는지 잘 모르겠더라고요. 그래서 마음을 챙기고 싶어졌습니다. 저의 마음챙김의 시작입니다.

"엄마가 내 마음을 몰라줘요!"

"내 마음은 그게 아닌데 그 사람은 왜 내 마음을 모를까요?"

"나도 내 마음을 잘 모르겠어요. 그래서 더 답답해요."

"내 마음에 대해서는 한 번도 생각해 본 적이 없는 것 같아요."

상담을 하며 가장 많이 나누는 대화의 주제는 바로 '마음'입니다. 겉으로 나타나는 문제나 행동들은 모두 다르지만 결국 다다르는 곳은 마음입니다. 내 마음은 내 것인데 저절로 알게 되지 않습니다. 제대로 표현하기도 어렵습니다. 오히려 남의 마음은 귀신같이 알겠는데 내 마음은 잘 모르겠는 경우도 많습니다. 마음은 늘 나와 함께 있다고 그래서 나는 당연히 내 마음을 알고 있다고 생각하며 살지만 막상 마음을 묻는 질문에는 망설이는 사람들이 많습니다. 내 마음인데 누가 챙기나요? 내가 챙겨야지요. 혹시 나도 모르게 내 팽개친 내 마음이었다면 지금부터 우리 같이 마음 챙겨볼까요?

○ 일러두기
이 책에서의 내용은 개인 성장 도모를 중심으로 구성되었습니다. 따라서 신체석, 정신적, 건강상의 문제에 대한 전문적인 치료를 대체할 수는 없습니다. 자신의 심리적 상태가 확연히 불안정하다고 느낀다면 정신건강의학과나 심리상담센터를 먼저 방문하는 것을 추천합니다.

차례

자기 영혼의 재산을

증식시킬 시간이 있는 사람은

참 휴식을 즐기는 사람이다.

- 헨리 데이비드 소로

첫
번
째
숨

제대로
쉬고 있나요?

푹 쉬었는데도 피곤해요

'쉬고 싶다.'

하루에도 몇 번이고 드는 생각입니다. 그러다 문득 다시 생각해보면 딱히 안 쉬고 있는 것도 아니다 싶어요. 어느 정도 잠도 자고, 끼니도 챙깁니다. 평일에 많이 바빴다면 주말에는 아무것도 안 합니다. 일 년에 한 번쯤은 휴가를 내어 여행을 다녀오기도 합니다. 그런데 쉬어도 쉰 것 같지가 않다 이겁니다. 쉬어도 쉬고 싶고, 쉬고 있어도 더 격렬하게 잘 쉬고 싶습니다. 나만 이러는 건 아니죠?

사실 무언가를 하고 나서 '이 정도면 잘했다.' '할 만큼 했다.' 등등 스스로를 뿌듯해하며 '나 자신 칭찬해!'를 할 만한 일들은 꽤 있습니다. 운동을 하거나 맛있는 음식을 먹을 때 느끼는 뿌듯함과 만족감은 이루 말할 수 없죠. 그런데 말입니다. 쉬는 건 아무리 쉬어도 '잘 쉬었다!'란 느낌을 당최 받을 수가 없는 겁니다. 마음먹고 쉬려고 한다 해도 어디서 어떻게 쉬어야 잘 쉬는 건지 모르겠습니다.

언제부터 시작된 것인지 가늠조차 안 되는 누적된 피로와 스트레스를 단 한 번에 모두 없앨 수 있을 것이라는 그런 허황된 생각은 하지 않아요. 적어도 쉬고 난 후의 개운함 혹은 상쾌함 정도는 느끼고 싶은데 어찌 된 일인지 쉬어도 쉰 것 같지 않고 오히려 더 찌뿌둥해질 때도 있는 몸 상태. 내 몸이지만 나도 이해하기가 힘듭니다.

물먹은 솜 같은 내 몸을 어떻게 말려야 보송하고 날아갈 듯한 가벼운 새 솜 같은 상태가 될 수 있을까요? 가능하긴 할까요? 이쯤까지 꼬리에 꼬리를 물고 생각하다 보니 이미 버린 몸이다 싶습니다. 이생망! 이번 생은 망했으니 다음 생에 다시 태어나는 게 빠르겠다 싶어요. 아니면 비약적인 현대 기술 발전으로 몸을 재조립할 수 있게 되길 바라든가요. 한숨을 푹 내쉬며 절망하던 순간 머릿속에서 뭔가가 번쩍 스쳐갔어요.

'나 지금껏 평생 쉬고 있었네! 태어나면서부터 지금까지 한 번도 쉬는 것을 멈춘 적이 없었어! 지금 이 순간에도 쉬고 있어! 나 지금 숨 쉬고 있어!!'

사전에서 '쉬다'의 뜻을 찾아봤습니다.

1. 피로를 풀려고 몸을 편안히 두다 / 잠을 자다 / 잠시 머무르다
2. 입이나 코로 공기를 들이마셨다 내보냈다 하다

라고 쓰여 있네요. 휴식을 뜻하는 '쉬다'와 호흡을 뜻하는 '쉬다'가 우리말에서 동음이라는 사실은 마치 정해진 운명 같다고 할까요? 잘 쉬고 싶다고(휴식을 취하는 것) 늘 생각했으면서 내가 잘 쉬고 있는지는(숨을 쉬는 것) 한 번도 살핀 적이 없다는 사실을 깨달았습니다. 늘 숨 쉬고 있었기에, 신경 쓰지 않아도 자동적으로 일어나는 일이기에 너무 당연하게 생각했던 겁니다. 그리고 늘 그렇듯 당연함에 당했습니다. 나의 숨을 살피기 시작했습니다. 나의 숨을 바라보기 시작했습니다. 명상이 시작되고 있었습니다.

처음 바라보기 시작한 나의 숨은 생각보다 얕고 가빴습니다. 심장소리가 너무 빠르다 싶어 불안해지더군요. 다른 어떤 활동을 하고 난 직후도 아니었고 가만히 앉아있는데 이렇게 심장소리가 빠르다니 뭔가 잘못된 것 같았어요. 평생 숨 쉬고 살았는데 이렇게 나의 숨이 어색하다니 제대로 숨을 쉬고 있던 건 맞나 싶었죠.

처음 나의 숨을 바라보는 몇 분 동안은 마치 숨쉬기의 정답을 찾아야만 할 것 같았습니다. '이렇게 쉬면 안 될 것 같은데.' '이건 너무 빠른 것 같은데.' '더 깊이 들이쉬고 내쉬어야 하나?' 등등 짧은 시간이었음에도 온갖 생각이 맴돌며 지금 나의 숨은 정답이 아니라고 계속해서 판단하고 있었습니다.

정답을 찾고 싶었습니다. 그래야 내가 정상(?)이라고 안도할 수 있을 것 같았거든요. 사실 숨쉬기에는 정답은 없습니다. 어느 정도의 공기를 들이쉬고 내쉬어야 하는지, 1분에 몇 번은 쉬어야 하는지 등등 평균적인 수치가 있을지언정 불변의 진리 같은 정답은 없습니다.

불변의 진리가 있다면 그저 숨을 쉰다는 그것뿐입니다. 내 숨은 다른 누구와 비교할 필요도, 경쟁할 필요도 없는 오직 나만의 것입니다. 그러니 내 숨 그 자체로 정답인 거죠. 하지만 저는 가장 자연스러워야 할 숨 쉬는 그 순간조차 있는 그대로 받아들이지 못하고 있었어요. 통제하고 조절하며 비교하고 경쟁하는 나의 삶이 내 숨에도 그렇게 비춰지고 있더라고요. 그때 깨달았습니다. 내가 잘 쉬지 못하는 것은(휴식하지 못하는 것) 잘 쉬지 못하기(숨 잘 쉬지 못하는 것) 때문이었다는 것을…. 저에게 처음 다가온 명상은 쉼이었습니다. 그리고 나를 제대로 그리고 자연스럽게 볼 수 있는 시간입니다. 잠시 멈추는 것이고, 멈춰서 숨을 쉽니다. 그러면 지금을 느낄 수 있어요. 나의 존재도 느낍니다.

명상의 시작이자 기본은 나의 숨에 집중하는 것입니다. 가장 간단하고 쉬운 방법이죠. 그리고 당장 시작할 수 있습니다. 어떤 취미라도 할라치면 여기저기 학원을 알아보고 준비물부터 사기 바쁜 장비병 환자 1인으로 만약 명상에 특별한 준비물이 필요했다면 아직도 시작은커녕 완벽한 준비물 세팅을 위해 인터넷 서핑에만 몰두하고 있었을 거예요.

준비물 따위는 필요하지 않아요. 명상은 나 자신만 있으면 됩니다. 숨은 언제나 나와 함께 있으니까요. 그리고 숨쉬기는 공짜입니다! 이보다 더 가성비 좋은 취미는 없을 겁니다! 가장 간편하고 빠르게 나에게 집중할 수 있는 도구를 우리는 항상 가지고 다닌 셈입니다.

그러나 한 번도 제대로 집중하지 못하고 살았을 거예요. 제가 그랬던 것처럼요. 왜냐하면 내가 지금 숨 쉬고 있다는 사실을 잊고 살 만큼 너무 당연히 숨 쉬고 있기 때문이에요. 당연하다는 것은 그만큼 필수적이고 중요하다는 뜻이기도 하죠. 숨 쉬지 못하면 단 5분도 살아있기 힘듭니다. 지금 이 순간에도 우리는 숨 쉬고 있습니다. 살아있는 생명이라면 풀 한 포기조차 숨을 쉬고 있죠. 숨 쉬고 있다는 것은 살아있다는 뜻입니다. 살아있다는 것은 지금 존재하고 있다는 것이고요.

앞서 찾아 본 '쉬다'의 뜻 중에는 '잠시 머무르다'란 뜻도 있었습니다. 어디에 잠시 머무르는 것일까요? 바로 지금 이 순간입니다. 우리 모두는 지금을 살아요. 하지만 지금을 살지 못하죠. 과거의 일을 후회하고 미래의 일을 걱정하면서 끊임없이 과거와 미래로 시간 여행을 합니다. 후회하며 자책하고 걱정하며 불안해하면서 말이죠.

매일 반복되는 일상 속에서 불과 몇 시간 전에 먹었던 점심 메뉴도 기억하지 못하고 '내가 오늘 뭘 먹었더라?'라고 되뇌어야 할 만큼 정신을 놓고 살 때가 많아요. 물론 이건 저뿐만이 아니겠죠? "정신줄 좀 잡아!"라는 말이 괜히 나온 게 아닐 테니까요.

제대로 기억하지도 못하고 하루하루가 흘러가요. 한 달이 가고 일 년이 가요. 연말이면 한 것도 없이 벌써 일 년이 다 갔다고 한탄하기 일쑤죠. 기억하지 못하고 흘려보내는 건 단순히 하루하루가 아닙니다. 나 자신입니다. 그렇게 몸과 마음이 지쳐갑니다. 기억하지 못하는 하루들 속에서 쉴 틈은 없어 보입니다. 바쁘게 돌아가는 쳇바퀴일 뿐입니다.

그렇게 현재가 없어집니다. 내가 살아있는 이 순간을 느끼지 못하고 과거의 후회와 미래의 불안 속에서 현재에는 피로와 스트레스가 쌓여만 갑니다. 쉰다고 했던 순간에도 몸은 아무것도 안 하고 있을지언정 머릿속은 늘 과거와 미래 사이에서 멈추지 않는 운동을 하고 있었던 겁니다. 쉬어도 계속 피곤할 수밖에 없는 노릇이죠.

Today is present. 오늘은 현재입니다. 그리고 오늘은 선물입니다. 우리는 매일 선물 받고 있어요. 그런데 그 선물을 풀어보고 행복해하지 못하고 선물을 받았는지도 모르고 살고 있죠. 나의 숨에 집중하는 것은 현재라는 선물을 받는 방법입니다. 그리고 다시 또 느꼈습니다. 내가 쉬지 못하는 것은(휴식하지 못하는 것) 쉬지 못했기(현재에 머무르지 못하는 것) 때문이었다는 것을….

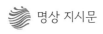 명상 지시문 ~~~~~~~~~~~~~~~~~~

내 숨 바라보기

살면서 내 숨을 의식한 적이 몇 번 없을 겁니다. 명상을 하면서 호흡에 집중하려고 하면 그동안 자연스럽게 잘 쉬었던 호흡을 조절하려고 하는 경우가 종종 있습니다. 호흡도 '잘'하고 싶은 마음이 있나 봅니다.

명상을 하기 전에 평소 어떻게 호흡하고 있는지 잠시 바라보는 연습을 하면 명상을 하면서 나도 모르게 호흡을 조절하는 것을 줄일 수 있습니다.

내 숨을 느껴보는 시간을 마련합니다.

길게 하지 않아도 좋습니다. 1분 혹은 3분 정도면 충분합니다.

가만히 눈을 감고 내가 어떻게 숨 쉬고 있는지 느껴보세요.

한 번노 신경 써본 적 없는 숨을 지켜보려니 갑자기 숨이 어색할 수도 있습니다.

~~~~~~~~~~~~~~~~~~~~~~~~~~~~~~

하지만 절대 숨을 통제하거나 조절하지 마세요.

그저 있는 그대로 내가 이렇게 숨 쉬고 있구나 바라봐 주세요.

쉬면서 바라봅니다

제가 명상을 시작하게 된 것은 평소 명상에 대해 관심이 있었기 때문이 아닙니다. 우연히 본 마음챙김이라는 단어가 불현듯 마음에 들어와 꽂혔기 때문입니다. 마음은 당연히 가지고 다니는 거라고, 나와 함께 있는 거라고, 굳이 따로 챙길 필요가 있을까 생각하지만 사실 제대로 마음을 챙겨 다니는 사람은 많지 않습니다. 저도 그중 한 명이었어요. 하루에도 몇 번씩 누군가의 마음에 대해 이야기하고 마음을 돌봐주는 일을 하고 있으면서 제 마음은 챙기지 못하는 순간이 더 많았어요. 마음챙김이란 단어를 본 순간 정작 나의 마음은 어디 있나 싶더라구요. 정신이 번쩍 드는 순간이었습니다. 나의 마음을 얼른 챙기고 싶어졌습니다.

'명상 이야기를 하다가 갑자기 마음챙김은 뭐야? 명상과 같은 거야? 다른 거야? 마음챙김 명상은 또 뭔데?'라고 궁금증이 생기셨으리리 생각합니다. 동양 불교의 명상이 서양으로 전해지면서 종교적인 색채를 벗고 과학적 검증과 심리학적 개념을 만나 실용성이 있게 발전된 것이 Mindfulness입니다. 한국어 발음으로 마인드플니스 혹은 마인드풀니스라고 불립니다. Mindful이라는 단어에 명사형 어미 -ness를 붙여 만들어진 단어로, Mindful은 '~을 염두에 두는, ~에 유념하는'이라는 뜻입니다. 챙김이라는 말이 왜 나왔는지 이제 이해가 되실 것 같습니다. Mindfulness라는 단어가 한국어로 번역되면서 마음챙김이 된 거죠. 마음챙김이라는 한국어 대신 마인드풀니스라고 영어발음 그대로를 사용하는 곳도 많으니 '마음챙김은 아는데 마인드풀니스는 모르는데요?'라고 말하는 실수는 없으시길 바라는 마음의 TMI였습니다.

다시 명상과 마음챙김으로 돌아오겠습니다. 명상과 마음챙김을 동의어처럼 사용하기도 하지만 사실 동의어는 아닙니다. 하지만 둘은 뗄 수 없이 함께하는 운명이죠.

명상과 마음챙김을 피아노 연주의 왼손 연주와 오른손 연주라고 한 비유는 감탄을 자아냅니다. 따라서 마음챙김 명상은 명상과 마음챙김이라는 양손 모두 자유롭고 익숙한 하나 되는 피아노연주입니다. 한 손만으로 충분히 연주할 수 있겠지만 양손 모두 연주한다면 더욱 아름다운 연주가 될 수 있겠죠. 물론 한 번에 양손 모두가 익숙해질 순 없을 겁니다. 한 손씩 차근차근 충분히 연습하면 됩니다.

김정호 교수가 만든 마음챙김 긍정심리 훈련MPPT에서 명상은 쉬는 것, 마음챙김은 보는 것이라는 정의를 좋아합니다. 명상은 생각을 쉬는 것입니다. 그리고 마음챙김으로 내 마음을 보고, 내 마음을 보고 있는 나를 봅니다. 그렇다면 마음챙김 명상은 생각을 쉬면서 내 마음을 보는 것이겠죠.

피아노 양손 연주가 한 번에 되지 않는 것처럼 한 손씩 연습을 해야 한다면 쉬는 게 먼저일까요? 보는 게 먼저일까요? 쉬는 게 먼저입니다. 전속력으로 100m 달리기를 하며 주변에 누가 있는지, 무엇을 하고 있는지, 어떤 풍경이 있는지 모두 파악하기란 어렵습니다. 일단 멈추고 속도를 늦추어야 주변의 것들을 알아차리기는 쉬워집니다. 그렇기에 마음챙김을 하려면 일단 쉴 수 있어야 합니다. 그래야 알아차리니까요.

아직 마음챙김이라는 단어가 어색한 사람들이 대부분일 겁니다. 마음챙김을 들어는 봤어도 명상과 연관되어 있다고 생각하지 못하기도 합니다. 명상 수업을 들으러 오는 사람들 중에서도 명상은 들어봤지만 마음챙김은 처음 들어본다는 사람들이 대부분입니다. 마음챙김, 말 그대로 나의 마음을 챙기는 것입니다.

"오늘 마음은 챙겨 오셨나요?"라는 제 질문에 "마음은 여기 있는 것 아닌가요?"라며 심장이 있는 부분을 가리키곤 하죠. 혹은 "어떤 마음을 챙겨 와야 하나요?"라고 반문하시기도 합니다. 마음챙김을 체계화하고 널리 알린 존 카밧진 교수는 마음챙김을 '순간순간 주위의 장에서 일어나는 생각이나 감정 및 감각을 있는 그대로 인정하고 수용하면서, 판단을 더하지 않고 현재를 중심적으로 또렷하게 알아차리는 것'이라고 정의했습니다. 내 마음이 어디에 있는지, 어떤 상태인지, 무엇을 하고 있는지 아는 것, 즉 나에 대한 객관적이고도 순수한 관찰, 이것이 마음챙김의 핵심입니다. 왜 바라봐야 하냐고요? 내 마음을 알기 위해서죠. 더 정확히는 알아차리기 위해서입니다. 제대로 바라보지 않고서 순간마다 시시각각 변하는 마음을 알아채기란 쉽지 않은 일이죠. 내 마음인데도 잘 모르겠던 복잡하기만 했던 내 마음도 일단 가만히 바라보면 있는 그대로 보이기 시작합니다. 내 마음이 보이고, 마음을 보는 내가 보입니다. 보이면 알아차립니다. 알아차리면 받아들이게 됩니다. 지금 이 순간 오롯이 존재하고 있는 나의 마음을, 나를 챙깁니다. 마음챙김입니다.

그런데 말입니다. 나의 모든 순간마다 깨어있으면서 나의 마음을 관찰하고 알아차리며, 현재의 나의 존재를 느끼는 것이 쉽지 않다는 게 문제입니다. 가만히 바라봐야 하는데 자꾸 딴 길로 샙니다. 나를 바라보는 시선이 자꾸만 흔들립니다. 이 생각 저 생각들이 자꾸 나를 끌어당깁니다. 나의 마음은 항구이고, 그 항구에 있는 배 하나가 '나'라고 상상해 볼까요? 배를 항구에 정착해 놓고 항구가 어떻게 생겼는지, 무슨 일을 하는지 찬찬히 그리고 세세히 들여다보고 싶은데 배가 자꾸 망망대해 바다로 흘러들어갑니다. 항구에서 빠져나가 항구를 제대로 알기는커녕 항구가 어디에 있는지 찾지도 못할 만큼 항구에서 멀어지는 지경이 됩니다.

그 바다는 생각입니다. 생각의 바다 위에서 '나'라는 배는 길을 잃게 되죠. 그래서 항구에서는 배들이 닻을 내립니다. 바다로 흘러나가지 않게 말이죠. 우리도 바다로 흘러가지 않게 닻을 내려야 합니다. 닻을 내린 배들은 엔진을 끄고 항구에 머무릅니다. 앞으로의 항해를 위해 배를 재정비하는 시간도 갖습니다. 닻을 내리는 연습, 나를 자꾸 딴 곳으로 흘러가게 하는 엔진을 끄고 쉬는 연습, 나에게 집중하는 연습, 바로 명상입니다.

"나는 생각이 복잡하고 자꾸 생각이 많아지는 것 때문에 힘드니까 그럼 생각을 쉬는 명상만 할래요! 굳이 마음챙김은 할 필요 없겠네요."라고 말하는 분들이 있을지도 모르겠습니다. 생각만 쉬어도 충분히 좋을 것 같은 그 마음은 이해가 되고도 남습니다. 하지만 생각을 쉰다 하더라도 중간중간 끊임없이 생각은 방해를 할 겁니다.

단 5분이 명상이라도 시도해본 분이라면 명상을 하면서 가장 먼저 깨닫게 되는 것은 바로 내 생각을 내 마음대로 할 수 없다는 겁니다. '이따 저녁엔 뭘 먹을까?' '주말엔 뭐 하지?' '갑자기 머리는 왜 가려운 걸까?' 안 나던 생각도 더 나는 것 같습니다.

자꾸 생각이 놀아달라고 조르네요. 이럴 때 어떻게 하실 건가요? '난 정말 집중력은 꽝이구나.'라며 나를 탓할 건가요? '역시 명상은 나랑은 안 맞아.'라고 포기하실 건가요? '생각아 없어져라! 없어져라!' 주문을 외우실 건가요? 생각과 싸우고 계시군요. 생각과는 싸우지 마세요. 이길 수가 없거든요. 생각과 싸우려는 순간 이미 진 게임입니다. 생각과 싸우지 않기 위해서 마음챙김이 필요합니다.

두둥실 떠가는 풍선이 있어요. 풍선 끝에는 예쁜 끈도 달려있고요. 마음에 드는 풍선 하나를 잡았어요. 잡으려고 애쓰지 않아도 저절로 내 손으로 들어오는 풍선도 있습니다. 그런데 눈앞에 또 다른 풍선이 지나갑니다. 방금 잡은 풍선과는 다른 모양이기에 잡았습니다. 다른 풍선이 또 떠가네요. 이번엔 놓치면 안 될 것 같은 풍선인 것 같아서 또 풍선을 잡았습니다. 눈앞에 지나가는 풍선들은 같은 모양이나 같은 색이 없습니다.

그러니 자꾸 잡고 싶어집니다. 그렇게 한 개, 두 개, 세 개… 점점 많은 풍선을 잡아두게 되었어요. 풍선을 잡고 있는 손이 모자랄 지경이죠. 떠가려는 풍선들이 손에 많으니 내가 풍선에 딸려가는 느낌마저 듭니다. 풍선이 버거워집니다. 어떻게 해야 할까요? 방법은 간단합니다. 다들 알고 있죠. 하지만 못하는 그것. 바로, 손을 놓으면 됩니다. 풍선은 나에게서 멀어져 갑니다. 풍선이 손에 없으니 잠깐 홀가분한 마음이 들었습니다. 그런데 지금까지 본 적 없는 또 다른 풍선이 눈앞으로 지나갑니다. 잡을까요? 말까요? 안 잡고 싶은데 안 잡고 있으려니 못 잡을 것 같아 자꾸 불안한 마음이 듭니다.

풍선은 우리 머릿속에서 일어나는 생각입니다. 풍선을 잡고 있는 손을 놓는 연습이 명상이라면 떠가는 풍선을 그저 바라보기만 하는 것이 마음챙김입니다. 조금 더 나아가 떠가는 풍선을 보고도 불안해하지 않는 것, 그저 풍선이 떠가는 자체만을 바라보며 어떤 풍선이 떠가는지 알아채는 것이 마음챙김입니다. 풍선이 떠가는 것 자체는 불안할 만한 일이 전혀 아닙니다. 그런데 풍선을 자꾸만 잡고 싶고 놓치면 안 될 것 같아 내 마음이 불안한 겁니다. 손에서 빠져나간 풍선은 시야에서 금방 사라지기도 하고 더 멀리 가면 펑 하고 터져 없어지겠죠. 생각도 그러합니다. 내가 놓아주면 사라져요. 일어나고 사라지고 또 일어나고 사라지는 그 과정들을 바라볼 수 있어야 합니다. 생각을 생각 자체로 객관적으로 바라볼 수 있을 때 나 자신도 있는 그대로 바라볼 수 있습니다.

우리가 명상을 통해 얻고 싶은 것은 생각으로부터의 무조건적인 해방만은 아닐 것이라고 봅니다. 잡생각은 줄어들지만 대신 또렷하고 건설적이고 창의적인 생각은 발전시키고자 하는 것이 궁극적인 목표겠지요. 각양각색의 떠다니는 풍선 중에 내가 놓아줄 풍선, 내가 잡아야 하는 풍선이 무언인지 알아차려야 합니다. 눈 앞에 상황에 급급해서 충동적으로 하는 행동이 아니라, 깨끗하고 또렷하게 깨어있는 마음으로 현명하게 행동해야 합니다. 그렇기에 마음챙김이 더 필요한 이유입니다.

　마음챙김은 명상 중 나의 생각, 감정, 욕구 등을 알아차리는 것뿐만 아니라 일상생활에서도 적용이 됩니다. 우리가 그동안 무심코 지나쳤던 수많은 순간들을 알아차리는 겁니다. 기억하지 못하고 흘려보낸 많은 하루들 속에도 얼마나 많은 행복들과 소중함이 있었을까요? 지나고 보면 소중했던 순간들인데 충분히 즐기지 못했음에 후회하기 일쑤입니다. 그동안 해결하지 못했던 일들의 기막힌 아이디어가 지나갔을 수도 있습니다. 곁에 있는 걸 알아보지 못한 채 재미없고 우울한 인생이라고 한탄만 했는지도 모릅니다. 마음챙김은 이런 우리 삶의 순간순간에 깨어있고 알아차릴 수 있게 합니다.

외부에서 오는 기회에 시선이 끌리더라도

진정한 시작은 우리 내부에서 시작된다.

- 윌리엄 브리지스

두
번
째
숨

마음은
어디에 있나요?

지금으로 가는 길을 잃었어요

일이 바빠지면 스트레스도 많아집니다. 평소에도 예민한 편인데 스트레스를 받으면 모든 감각이 증폭되듯이 예민해집니다. 예민함은 미묘한 변화를 알아차릴 수 있는 장점으로 작용하지만 스트레스 상황에서는 큰 고통입니다. 나의 모든 감각들의 표적이 나 자신이 돼서 스스로를 괴롭히는 것 같거든요. 세상이 너무 시끄럽고 어지럽게 느껴집니다. 사소한 자극도 걷잡을 수 없게 커지기도 합니다. 신경도 날카롭게 곤두서서 세상 까칠해지죠. 내 마음은 그게 아닌데 나도 모르게 짜증을 내거나 큰 소리를 내게 되기도 합니다. 찰나의 순간만 참으면 되는 거였는데 정신 차려보면 이미 일을 저지르고 난 후입니다.

이제 후회와 자괴감이 몰려들 타임입니다. '그때 그걸 했었어야지.' '그때 저건 하지 말았어야 해.' '그 말은 하지 말걸 그랬어.' '차라리 확 말해 버릴걸!' 어디서부터 잘못된 걸까 되짚어가다 보면 끝도 없이 과거로 빨려 들어갑니다. 차라리 태어나지 않았으면 좋았겠다 싶을 때도 있을 지경입니다. 과거는 되돌릴 수 없으니 미래로 생각을 돌려 보지만 그렇다고 뾰족한 수가 있는 것도 아닙

니다. 잘 될 것이라고 무작정 긍정적으로만 생각한다고 다 이루어
지는 것은 아니니 대책이든 계획이든 세워야 할 텐데 내가 뭘 좋
아하는지 뭘 잘하는지 어디서부터 어떻게 해야 하는지 모르겠습
니다.

한 치 앞을 내다볼 수 없는 시대에서 대체 뭘 하면서 먹고살아
야 할지 확실한 건 하나도 없습니다. 과거와 미래를 수없이 왔다
갔다 하다 보니 벌써 새벽이 밝아옵니다. 오늘 밤도 잠은 다 잤습
니다. 피곤한 하루가 시작됩니다. 머리는 멍하고 속은 울렁거립니
다. 가장 큰 사이즈 커피를 사서 마약처럼 마시며 카페인으로 간
신히 정신을 부여잡습니다. 반짝 들어온 정신으로 다시 일을 시작
하지만 집중력이 자꾸 떨어집니다. 딴 생각을 하기도 하고 저절로
한숨이 나오기도 합니다. 금방 끝낼 일인데도 자꾸만 늘어지고,
사소한 실수가 반복됩니다.

눈꺼풀과 어깨는 어찌나 무거운지 곰 세 마리 정도는 앉아 있
는 것 같습니다. 두통은 가시질 않아 두통약은 늘 가지고 다니는
필수품이 되었습니다. 소화제도 빠질 수 없습니다. 거울 속의 내
모습도, 출퇴근길에 만나는 사람들의 얼굴도 무표정한 모습이 다
똑같아 보입니다. 영혼이 없는 좀비 같다는 생각이 들기도 합니
다. 왜 이렇게 사나, 이렇게 살 수밖에 없는 걸까, 나만 이런 걸까
나도 모르게 울컥 눈물이 났습니다. 마음 한가운데 구멍이 난 것

같다가도 목 끝까지 불구덩이가 타오르는 것 같을 때도 있습니다. 다들 힘들답니다. 다들 이렇게 산답니다. 다들 참고 사는 거니 너도 참아보랍니다. 터널을 지나고 있다고, 곧 있으면 출구가 나올 거라고, 자그맣게 점처럼 보이는 빛이라도 보이나 싶었는데 아무래도 출구가 없는 것 같습니다.

이 시대를 살고 있는 사람들이라면 한 번쯤은 겪어 봤을 이야기이자 제 이야기이기도 합니다. 물론 지금 현재의 제 상황은 아닙니다만, 질풍노도의 사춘기 시기와는 비교도 안 될 만큼의 격정과 암흑의 시기가 있었더랬죠. 스스로를 밝은 사람이라고 생각하지만 한없이 바닥으로 떨어지는 순간도 있기 마련입니다. 누구나 한 번쯤, 혹은 여러 번 겪을 수도 있는 일이지만 스스로를 다독이기보다는 의지박약이라고 더 몰아세우거나 내가 잘못됐다고 자책하곤 했습니다. 늪에 빠진 것처럼 빠져나오려고 할수록 점점 더 깊이 빠져드는 것 같았죠. 다행히도 암울했던 시기는 분명 지났습니다. 하지만 언제든 다시 돌아갈 수 있다는 사실도 압니다.

큰 사건 사고가 벌어지지 않았더라도 그저 지친 마음 때문에, 피곤한 몸 때문에, 내 마음이, 내 생각이 언제든 암흑 동굴 속으로 달려 들어갈 수 있으니까요. 다시 겪고 싶지 않지만 나도 모르게 여전히 한 번씩 훅 꺼지는 날이 있습니다. 어쩌면 당연한 일이죠. 365일 매일을 늘 활기차고 행복하게 살 수는 없는 일이니까요.

훅 꺼져도 괜찮아요. 그런 날도 있는 거죠. 다시 제자리로 돌아오면 됩니다. 그런데 그게 잘 안될 때가 있어요. 큰일이 아닌데도 한번 빠지기 시작하면 별의별 생각이 꼬리에 꼬리를 물면서 걱정과 불안과 우울이 쓰나미처럼 몰려옵니다. 다시금 터널에 갇힌 것 같은 느낌이 들기도 합니다. 어떻게든 빨리, 다시, 지금, 현재로 돌아오고 싶지만 내가 걱정과 우울의 터널 속에서 헤매고 있다고 자각조차 못 할 때도 있습니다.

영화 〈인셉션〉은 타인의 꿈속에 들어가 생각을 훔치거나 조작하는 내용입니다. 꿈속의 꿈을 꼬리에 꼬리를 물고 돌아다니기 때문에 지금의 상황이 꿈인지 현실인지를 확인할 수 있는 '토템'이라고 불리는 작은 물건들을 가지고 다닙니다. 예를 들면 작은 팽이를 돌려서 팽이가 멈추면 현실이고, 팽이가 멈추지 않고 계속 돌면 꿈속인 것이죠. 꿈속이라는 것이 확인되면 빨리 깨서 현실로 돌아오면 됩니다.

꿈속의 꿈, 또 그 꿈속의 꿈을 헤매는 것처럼 걱정, 우울, 불안으로 가득한 생각의 늪에서 헤매다 보면 잃어버리는 것이 있습니다. 지금 내가 살고 있는 순간, 바로 현재입니다. 힘들었던 그 시기, 그리고 꼭 한 번씩 찾아오는 슬럼프일 때마다 저에게 현재는 없었습니다. 바꾸지도 못할 과거이거나 겪어보지도 않은 미래에 있을 뿐이었죠. 고장난 내비게이션처럼 목적지를 찾지 못하고 같은 자리를 왔다 갔다 했습니다. 벗어날 길 없어 보이는 후회와 걱정이 만들어낸 생각의 쳇바퀴 속을 맴돌고 있는 것 같은 느낌은 한 번쯤 경험해 보았을 겁니다. '그만해야지. 그만하자. 이제 그만!'이라고 되뇌어 보지만 생각은 어찌나 꼬리에 꼬리를 무는지 당장이라도 뇌를 꺼내서 스위치를 꺼버리고 싶은 마음이었죠. 멈추고 싶었습니다. 벗어나고 싶었습니다. "이건 생각 속일 뿐이야! 현실로 돌아와! 바로 여기야!"라고 확인시켜주는 '토템'이 필요했어요.

나의 '토템'은 무엇일까 많이도 찾아다녔던 것 같습니다. 운동을 해보기도 하고, 각종 취미생활을 만들어보기도 하고, 하루 종일 잠만 자기도 하고, 오히려 일을 더 늘려 정신없이 바쁘게 지내기도 했습니다. 효과가 없는 건 아니었지만 즉각적으로 사용할 수 없었고 오랫동안 꾸준히 유지되지도 않았습니다. 또다시 뭔가 새로운 것을 찾게 만들었죠.

열심히 살다가도 이따금씩 지상에 뿌리내리지 못하고 어딘가를 떠다니는 것 같은 기분이 들곤 했었어요. 현재가 중요하다는 것을 알고 있었지만 그저 열심히 살면 되는 거라고 생각했었는데 중요한 핵심이 빠져있었어요. 현재에 접촉하지 못하고 있기 때문이었더라고요. 명상으로 깨달을 수 있었어요. 단 몇 분의 명상에도 두서없이 떠다니는 나의 생각들을 바라보며 얼마나 현재에 머무르지 못하는지 알 수 있었습니다. 우리가 접촉할 수 있는 유일한 시간은 바로 지금뿐입니다. 접촉할 수만 있다면 어딘가로 끌려다니면서 헤매지 않을 힘도 생기고요. 지금이라는 순간이 우리에게 중력과 같이 작용하는 것이지요. 지금과 접촉하는 것이 바로 명상입니다. 현재에 닻을 내리는 것이지요. 그리고 알게 되었습니다. 명상이 "생각에서 벗어나! 지금 여기로 돌아와!"라고 알려주는 '토템'이라는 것을요. 명상으로 지금과 접촉하고 있는 순간을 느끼며 끝날 것 같지 않던 생각의 쳇바퀴에서 벗어날 수 있었습니다. 명상에 대한 확신을 갖게 되는 순간이기도 했습니다.

가장 특별하고 멋진 여행은 오늘입니다

너무도 사랑스러운 영화 〈어바웃 타임〉 중 한 에피소드를 소개할까 합니다. 남자 주인공 팀은 시간 여행을 할 수 있습니다. 누구나 한 번쯤 이런 상상을 할 겁니다.

"만약 내가 예전 그때로 돌아간다면 다른 선택을 할 텐데."

팀은 이것이 가능합니다. 그래서 첫눈에 반한 여자에게 바보 같은 대시로 거절을 당했을 때도 다시 시간을 거슬러 재도전 끝에 결혼까지 하게 됩니다. 팀의 이런 능력은 그의 아버지에게서 대물림됐습니다. 팀의 아버지는 팀에게 시간 여행 능력과 더불어 가장 중요한 비밀을 알려줍니다.

바로 행복을 위한 공식입니다. 첫 번째 단계는 그동안 살았던 그대로 평범하게 일상을 사는 겁니다. 팀의 하루 우리의 하루가 그렇듯 큰 사고도 없지만 그다지 행복하지도 않습니다. 변호사인 팀은 상사에게 깨지기도 하고, 끼니도 간단히 때운 채 재판에 늦을까 헐레벌떡 뛰어다니기 일쑤입니다. 재판에서 이겼지만 승리의 기쁨을 누릴 틈도 없습니다. 이겼다는 기쁨보다 지지 않았음에 의의를 두는 것 같습니다. 실제로 저는 이 장면에서 팀이 재판에서 이겼다고 생각하지 못했습니다. '아. 졌구나.'라고 생각했었죠. 그만큼 이겼다는 것에 대한 표현이 전혀 없었습니다. 지친 몸을 지하철에 싣고 퇴근합니다. 잠들기 전 아내인 메리가 묻습니다.

"오늘 하루는 어땠어?"

팀은 대답합니다.

"힘든 날이었어It`s a tough day."

이날 밤, 팀은 아버지가 알려준 행복을 위한 공식의 두 번째 단계를 실행해 봅니다. 오늘 내가 산 하루를 거의 똑같이 다시 살아보는 겁니다. 처음엔 긴장과 걱정 때문에 볼 수 없었던 세상의 아름다움을 느끼면서요. The first time with all the tensions and worries that stop us noticing how sweet the world can be, but the second time noticing. 영화에서 한국어 자막은 '느끼다'라고 나왔지만 실제 대사는 noticing(알아챔)입니다.

그리고 아버지의 말대로 다시 시간을 되돌려 똑같이 하루를 다시 삽니다. 상사의 꾸지람은 똑같았지만 동료와 가벼운 농담으로 긴장을 풉니다. 점심으로 먹을 샌드위치를 사는 와중에도 좋은 하루를 보내라며 웃으며 인사를 건네는 점원도 있었습니다. 재판에 늦을까 봐 뛰면서도 법원 천장의 아름다운 벽화가 보였습니다. 재판 승리의 기쁨도 마음껏 누립니다. 그리고 그 기쁨을 동료들과 나누기도 합니다. 또 한 번의 같은 하루를 보내고 난 저녁 아내 메리가 묻습니다.

"오늘 하루는 어땠어?"

팀은 대답합니다.

"꽤 괜찮은 하루였어Very good day actually as it turns out."

팀이 산 두 번의 하루 동안 팀에게 일어난 일은 똑같았습니다. 다른 건 그 사건들을 대하는 팀의 태도입니다. 그렇기에 하루의 안부를 묻는 아내의 물음에 같은 일을 겪은 하루였음에도 정 반대의 대답을 하게 된 겁니다. 우리가 만약 팀처럼 시간 여행을 할 수 있다면 마음챙김을 할 필요가 뭐가 있겠어요. 후회되는 일, 아쉬운 일, 찜찜한 일이 있으면 다시 되돌리면 될 테니까요.

하지만 아쉽게도 우리는 팀과 같은 능력이 없습니다. 어쩌면 다행이라는 생각도 듭니다. 팀처럼 시간 여행을 할 수 있다면 끊임없이 시간을 되돌려 선택을 번복할지도 모르니까요. 앞으로 나아가지 못하고 자꾸 뒤만 돌아보는 삶도 좋을 리 없습니다. 우리가 마음챙김을 해야 하는 이유, 우리가 한 번밖에 살 수 없기 때문이에요. 우리에게 주어진 하루, 지금은 단 한 번의 기회입니다. 되돌릴 수도, 미룰 수도 없는 시간이죠. 팀이 그랬던 것처럼 우리는 많은 것을 놓치고 살아요. 똑같은 하루를 다시 살아 본 팀이 한 대답에서도 알 수 있어요. "나중에 알고 보니as it turns out 사실은 좋은 하루였다." 우리가 별거 없다고 늘 똑같다고 사는 하루하루도 사실은 꽤 괜찮은 하루들입니다. 우리가 알아채지 못하고 있을 뿐이죠. 영화의 마지막에 팀은 이렇게 말합니다. 더 이상 시간 여행을 하지 않는다고. 오늘 하루를 위해 시간여행을 한 것처럼 내게 주어진 이 하루를 특별하면서도 평범한 나의 마지막 하루라고 생각하며 완전하고 즐겁게 지내려고 노력한다고. 우리가 할 수 있는 최선의 노력은 이 멋진 여행을 즐기는 것뿐이라고 말합니다.

'알고 보니' 당신의 오늘 하루는 어땠나요? 충분히 오늘 하루를 챙겼나요? 이 멋진 여행을 즐기며 최선을 다하기 위해서 우리는 마음챙김을 합니다. 내 삶이, 내 하루가 얼마나 특별하고 멋진 여행인지 알아채야 하니까요.

어둠 속에서 눈은 보기 시작한다.

- 디어도어 뢰트케

생각에서
벗어나고 싶은가요?

머릿속이 너무 복잡해요

그럼 먼저 생각을 한번 쉬어볼까요? 단순합니다. 시선을 돌리면 됩니다. 생각에서 감각으로 말이죠. 우리 뇌의 활동 용량은 한정적입니다. 용량이 한정이라는 말에 아쉬우신가요? 절대 아쉬워할 필요가 없습니다. 한정적인 용량 덕분에 우리는 생각을 쉴 수 있게 되는 거니까요. 생각할 용량을 감각하는 데 쓰면 됩니다.

연극이나 뮤지컬 같은 공연을 볼 때 극 중 인물의 중요 장면에서는 주변의 모든 조명이 꺼지고 오직 하나의 스포트라이트만이 그를 밝게 비춥니다. 무대 장치도, 주변의 다른 배우들도 보이지 않고 오직 그 한 사람에게만 빨려들 듯 몰입하게 됩니다. 스포트라이트를 받는 영역은 아주 좁지만 그곳만을 강력하게 비추기에 우리는 더욱 집중할 수 있습니다.

우리 머릿속에도 이런 스포트라이트가 있습니다. 단 한 개밖에 없습니다. 우리 뇌의 활동 용량이 한정적일 수밖에 없는 이유입니다. 내가 원하는 곳 딱 한 군데만 밝게 비출 수 있죠. 사실 인간은 멀티태스킹을 할 수 없는 존재입니다. 멀티태스킹은 동시에 여러 가지 일을 완수해 내는 것을 말합니다. 멀티태스킹을 할 수 있으려면 스포트라이트 조명이 두 개 혹은 세 개, 네 개가 있어서 동시에 여러 군데를 비출 수 있어야 하는데 우리에겐 오직 한 개뿐입니다.

우리가 지금 멀티태스킹을 하고 있다고 믿는 상황은 사실 '동시에' 여러 일을 하고 있는 것이 아니라 이 일과 저 일을 '왔다 갔다' 하는 스위칭switching을 하고 있는 것입니다. 빠른 스위칭도 필요한 능력입니다. 하지만 요즘의 우리는 왔다 갔다 해도 너무 왔다 갔다 합니다. 스포트라이트의 빛이 얼마나 강한지는 다들 알고 있을 겁니다. 그렇게 강력하고 밝은 빛을 내는 조명이 쉴 새 없이 왔다 갔다 한다고 상상해 보세요. 눈을 제대로 뜰 수 없을 정도로 어지러울 거예요. 우리가 머릿속이 터질 것 같이 복잡한 것 같고 어지러운 것 같은 느낌이 왜 드는 건지 느낌이 오시나요?

한 군데만 정확히 비춰야 할 조명이 정신없이 덜렁거리며 갈피를 못 잡고 있으니까요. 여기저기 조명을 왔다 갔다 하다 보니 조명의 나사가 좀 헐거워졌나 봅니다. 나사를 다시 한 번 조일 때입니다. 그리고 내가 비추고 싶은 곳을 내가 정합니다. 흔들리지 않게 밝고 또렷이 비춰줍니다. 내가 원하는 것을 원하는 만큼 자세히 그리고 온전히 바라볼 수 있습니다.

그럼 또 질문하시겠죠? 왜 감각이냐고요? 감각은 나의 현재이기 때문입니다. 생각은 실재하지 않습니다. 내가 만들어 내고 있긴 하지만 실제로 만질 수도 느낄 수도 없습니다. 게다가 과거와 미래를 계속 왔다 갔다 하게 만듭니다. 스포트라이트가 잠시도 멈춰 있을 틈이 없습니다. 머리가 어지러워집니다. 하지만 감각은 내가 현재 살아있음을 증명합니다.

지금 코끝으로 느껴지는 공기의 감촉, 냄새, 온도, 발바닥 혹은 엉덩이로 느껴지는 나의 무게, 먹고 마시며 느끼는 음식의 맛 등등 우리의 감각은 실재합니다. 생각의 풍선에 둥둥 떠다니는 나를 현재라는 바닥에 안착시켜 줍니다. 그렇기에 감각에 집중하면 생각은 자연스레 가라앉습니다.

무대 위에는 여러 명의 배우들이 등장합니다. 그리고 스포트라이트는 무대 위의 중심이 되는 한 명을 비춥니다. 한 명의 주인공을 비추는 동안 주변의 다른 배우들을 잘 보이지 않습니다. 스포트라이트를 받고 있는 배우에게 집중하고 있을 뿐이지 주변의 다른 배우들이 사라져 버린 것은 아닙니다. 마찬가지로 나의 스포트라이트를 감각에 비추면 생각은 어두워진 배경 속으로 들어갑니다. 생각이 나의 시야에서 벗어납니다. 머릿속이 조금은 정리된 느낌이 듭니다. 그리고 현재 내가 살아있는 지금을 느끼게 됩니다.

다양한 감각이 있지만 우리가 가장 쉽고 빠르게 사용할 수 있는 우리의 감각은 바로 호흡입니다. 쉬고rest 싶다면 쉬면breath 됩니다. 우리가 현재 살아있음을 확인할 수 있는 가장 강력한 증거가 바로 숨이니까요. 명상을 하면서 가장 먼저 호흡에 집중하는 이유이기도 합니다. 숨의 통로 곳곳을 세심하고도 다정하게 느껴보는 연습을 해보세요. 나를 괴롭히던 생각들은 어느덧 가라앉고 고요한 나의 존재를 만날 수 있을 거예요.

호흡 명상

방해받지 않고 편히 있을 수 있는 공간과 시간을 마련합니다. 스마트폰은 꺼두거나 무음으로 설정해 주시고 타이머를 이용해도 좋습니다.

바닥에 앉아서 할 경우 양반다리, 가부좌, 반가부좌 등 어떤 자세도 좋습니다. 손은 무릎 위에 편안히 올려놓고 허리는 바르게 세워주세요.

의자에 앉아서 할 경우 양 발바닥을 바닥에 모두 닿게 하고 손은 무릎 위에 편안히 올려놓고 의자에 기대기보다 허리를 바르게 세워주시는 것이 좋습니다.

어깨를 몇 번 으쓱거려 어깨의 긴장을 풀어봅니다. 눈은 가볍게 감는 것이 집중에 도움이 됩니다. 미간, 그리고 입꼬리에 미소를 짓는다고 상상하시면 얼굴에 긴장도 이완됩니다.

자연스러운 몇 번의 호흡으로 명상을 시작합니다.

시작은 이 귀한 시간을 마련한 스스로에게 감사와 사랑의 마음을 보냅니다.

자연스럽게 호흡을 하면서 호흡의 파도에 몸을 맡긴다고 상상해 보세요.

호흡은 조절하거나 통제하는 것이 아닙니다.

호흡이 지나가는 곳곳을 세심하게 느껴보세요.

코끝, 콧벽, 코 뒤쪽, 기도.

공기가 코를 타고 지나가는 온도, 냄새, 촉감 등 내가 느낄 수 있는 모든 것을 느껴봅니다.

한 호흡 호흡마다 내가 이 세상에서 처음 하는 호흡이라는 느낌으로 세세하게 관찰합니다.

가슴이 오르락내리락하고, 가능하다면 아랫배가 오르락내

리락함도 느껴봅니다.

억지로 깊은 호흡을 할 필요는 없습니다.

내가 느낄 수 있는 호흡의 통로 곳곳을 느껴봅니다.

가능하다면 들숨과 날숨 사이의 공간을 느껴봅니다.

호흡이 내 몸으로 들어와 내 몸 곳곳으로 퍼지고 다시 내

몸 곳곳에서 모여 나가는 순간 모두를 느껴봅니다.

중간중간 생각이 드는 건 너무 당연한 일입니다. 생각은 워

낙 그러한 성질을 가졌거든요. 생각이 났다면 생각이 났다

는 것을 알고 다시 호흡으로 돌아오면 됩니다.

호흡의 통로의 곳곳을 느끼기 힘들다면 집중이 잘 되는 한

곳(코끝, 아랫배 등)에 집중하는 것도 좋습니다.

가슴이나 아랫배 위에 손을 포개어 올려놓고 숨이 나의 몸으로 들어오고 나감을 손으로 느껴보는 것도 좋습니다.

나의 호흡을 있는 그대로 바라봐 주세요.

나의 호흡으로 살아있음을 느껴보세요.

나는 생각이 아닙니다

~~~

명상수업을 시작하면서 명상에 관심을 갖게 된 계기를 물어보면 많은 사람들이 '머릿속이 너무 복잡해서' '생각이 너무 많아서'라는 대답이 주를 이룹니다. 머릿속에 복잡하게 얽혀있는 생각을 '없애는 것'이 명상으로 얻고 싶은 것이라고 말합니다. 명상을 이런 목적으로 시작했다면 일단 사과의 말씀을 전합니다.

생각을 없앨 수는 없습니다. 분명 제가 '생각을 쉰다'거나 '생각이 가라앉는다'고 했지 '생각이 없어졌다'고는 하지 않았다는 사실 눈치채셨나요? 어쩌면 이런 표현을 읽고 있으면서도 머릿속으로는 '생각을 쉬면 생각이 없어지는 거지.'라고 이해하는 분이 있을 것 같아 다시 한번 강조합니다. 생각은 없앨 수 없습니다. 없앨 수 없음을 인정하는 것, 생각을 다루는 좋은 출발점이 됩니다.

'나는 생각한다. 고로 나는 존재한다.' 모든 것을 다 의심해도 의심이라는 생각을 하고 있는 나 자체는 의심할 수가 없었던 철학자 데카르트가 남긴 명언입니다. 생각은 인간 고유의 사고 작용입니다. 인간임을 증명하는, 동물과 구별되는 특징입니다. 데카르트의 말처럼 인간은 존재하는 한 생각을 할 겁니다. 살아있는 한 생각은 언제나 떠오릅니다. 그렇기에 생각을 없앨 수는 없습니다. 다만 생각에 딸려가지 않을 수는 있습니다.

　종종 우리는 착각하는 것 같습니다. '나=생각'이라고 말이죠. 내가 하는 활동 중에 하나가 생각이고 생각의 주체, 즉 생각을 하는 사람이 나입니다. 내가 생각은 아닙니다. 항상 옷을 입고 살죠. 잘 때도 입고 있습니다. 늘 한 몸같이 있지만 그렇다고 내가 옷이 아니라는 것은 누구나 알고 있습니다. 장소와 상황, 계절에 맞게 옷을 입는 선택권은 나에게 있습니다. 옷을 벗어버릴 선택권도 나에게 있습니다.

　마찬가지로 생각이 아예 떠오르지도 못하게 할 수는 없지만 생각이 떠오름을 알아차리는 선택권은 나에게 있습니다. 생각에 딸려가지 않을 선택도 할 수 있습니다. 가장 먼저 알아야 할 것은 '나≠생각'입니다. '내가 생각이 아니다.'라는 인식만으로도 이미 반은 성공한 셈입니다. 그동안 하나로 똘똘 뭉쳐있던 나와 생각이 분리된 것이니까요. 실제로 명상수업 후에 많은 분들이 '내가 생각이 아니다.'란 말이 곱씹으면서 많은 도움을 받았다고 말합니다. 그렇게 많은 생각들을 하면서 단 한 번도 '나≠생각'이라고는 생각하지 못한 거죠. 그래서 우울한 생각을 할 땐 우울이 곧 나이고, 걱정스러운 생각을 할 땐 걱정이 곧 나라고 생각하게 되는 겁니다. 나 자체가 우울이고 걱정이 되니 좋은 생각이 날 수가 있나요. 나라는 존재 자체가 잘못된 느낌마저 들면서 악순환이 계속되고 맙니다. '내가 우울한 생각을 하고 있다.' '내가 걱정을 하고 있다.'처럼 내가 생각을 하고 있음을 알아차리는 말로 바꾸는 것만으로도 충분한 시작이 됩니다.

더불어 절대 잊어서는 안 되는 한 가지는 다정함입니다. 나를 따뜻하게 대해주세요. 옷이 많은 사람도 있고, 적은 사람도 있습니다. 옷에 관심이 많은 사람도 있고, 별 신경을 쓰지 않는 사람도 있겠죠. 개인의 성향일 뿐이지 옷이 많고, 옷을 좋아한다고 이상한 사람은 아닙니다. 생각도 그래요. 생각이 많을 수도 있습니다. '나는 생각이 너무 많아, 머리가 복잡해, 이상해, 예민해' 등등 스스로를 자책하거나 비난하지는 말아주세요. 생각 또한 내가 살아있다는 증거입니다. 우는 아이에게 울지 말라고 윽박지르는 것보다 '속상했구나.'라고 마음을 알아주고 안아주는 것이 더 빨리 울음을 그치게 합니다. '생각하느라 고생하고 있었구나.' '머리가 복잡했겠구나.'라고 먼저 토닥여주면 더 좋습니다. 다정함은 거부하거나 억압하지 않고 자연스럽게 수용하는 마음을 가지게 해요. 생각과 다투지 않게 됩니다.

'나=생각'은 큰 공 안에 내가 들어가 있는 것이에요. 공이 굴러가는 대로 나도 그 공 안에서 나의 의지와는 상관없이 공과 함께 굴러가겠죠. 공 안에서 이리저리 굴러다니는 상상만으로도 벌써 어지럽습니다. 하지만 '나≠생각'은 작은 공들이 내 손안에 들려있는 겁니다. 공들로 저글링을 할 수도 있고, 멀리 던질 수도 있고, 바닥에 내려놓을 수도 있습니다. 내가 원하는 대로 할 수 있습니다.

'나≠생각'이라는 것을 알고 나와 생각이 분리되면 바라볼 수 있는 힘이 생깁니다. 내가 나의 생각을 바라보는 관찰자가 되는 겁니다. 내가 생각 속에 파묻혀 있는 것이 아니라 내가 생각을 바라보는 사람이 되는 겁니다. 가만히 바라본다면 생각이 일어났다 사라지는 과정들도 볼 수 있습니다. 그동안 생각이 사라지지 않는다고 느꼈던 건 사라지려는 생각을 내가 자꾸 붙잡았기 때문이에요. 생각의 시시비비를 가리고 원인과 결과를 따지려 하지 마세요. 생각은 그저 생각일 뿐입니다. 자꾸만 여러 생각이 떠오른다면 '생각일 뿐이야.' '상상일 뿐이야.' '나는 생각이 아니야.'라고 말해보세요.

포스트잇에 '그저 생각일 뿐'이라고 써서 떠오르는 생각 위에 붙인다고 상상해보는 것도 좋아요. 그리고 다시 돌아올 곳이 필요하겠죠. 흩어졌던 마음을 모을 곳은 지금입니다. 지금 이 순간으로 마음을 모을 때 가장 기본이 되는 것은 호흡입니다. 내가 지금 살아있는 가장 첫 번째 증거이니까요. 호흡만으로 집중하기 힘들다면 현재에 초점을 확실히 하기 위해 숨을 한 번 크게 쉬면서 호흡과 함께 짧은 문장이나 단어를 반복합니다. 만트라 명상입니다. 하버트 벤슨의 저서 《과학 명상법》에서 문장이나 단어는 단숨에 말할 수 있을 정도이며, 자신의 종교나 신념에 부합하는 것으로 선택하는 것이 명상의 효과를 높일 수 있다고 말합니다. 예를 들면 '예수 그리스도' '아멘' '은총이 가득하신 성모 마리아님' '나무아미타불' '관세음보살' '감사' '사랑' '평안' '안정' '고요' '이 또한 지나가리라' 등이 있습니다. 자연스럽게 천천히 호흡하면서 나에게 의미 있는 단어를 조용히 되뇌어 보세요. 두서없던 생각들이 자연스럽게 가라앉게 됩니다.

생각은 계속해서 떠오릅니다. 그럴 때마다 생각 하나하나에 반응하기보다 '그저 생각일 뿐'이라고 이름표를 붙이고 바라만 보는 관찰자로 남으세요. 그리고 다시 나만의 만트라로 돌아오세요. 나의 만트라가 생각으로 딸려가지 않게 붙잡아 줄 겁니다. 그동안 나를 마음을 흔들고 괴롭혔던 것들이 그저 생각일 뿐이고, 자연스럽게 사라지는 것들임을 느껴보세요.

만트라 명상

만트라mantra는 타인에게는 은혜와 축복을 주고, 자신에게는 몸을 보호하고, 정신을 통일하며, 깨달음의 지혜를 얻기 위해 외우는 신비한 위력을 가진 말이라는 뜻의 산스크리트어입니다. 호흡과 함께하는 만트라는 흔들리는 마음을 한곳에 집중하며 몸의 긴장을 풀고 깊은 이완에 도움을 줍니다.

나의 생각이나 태도, 종교나 신념에 잘 맞거나 평소에 좋아하는 단어나 짧은 문장 하나를 선택합니다.
(예: 감사, 사랑, 평안, 안정, 고요, 이 또한 지나가리라, Let it go, All is well)

바닥에 앉기나 의사에 앉아서 편안한 자세로 진행하지만 허리를 바르게 세우고 어깨의 긴장을 내려놓습니다. 눈을 가볍게 감고 미간과 입꼬리에 미소를 짓는다고 상상합니다.

손은 무릎 위에 편안히 올려놓습니다.

만트라 명상의 시작이자 기본은 호흡 명상입니다.

자연스러운 몇 번의 호흡으로 명상을 시작합니다.

스스로에게 감사와 사랑의 마음을 보냅니다.

호흡을 조절하거나 통제하지 말고 천천히 자연스럽게 있는

그대로 호흡합니다.

호흡이 안정되었다면, 내쉬는 숨에 내가 선택한 만트라를

마음속으로 혹은 작게 소리를 내어 되뇌어봅니다.

선택한 문장이 길다면 들이쉬는 숨과 내쉬는 숨에 나눕

니다.

(예: 들이쉬는 숨에 '오늘 하루도' 내쉬는 숨에 '평안과 감사를')

들이쉬는 숨과 내쉬는 숨에 다른 단어를 되뇌어도 좋습니다.
(예: 들이쉬는 숨에 '감사' 내쉬는 숨에 '사랑')

생각은 언제나 일어나기 마련입니다. 생각이 떠오른다면 '그저 생각'이라고 알아차리고 다시 만트라로 돌아오면 됩니다.

명상은 규칙적으로 할수록 효과는 높아집니다. 온전히 나에게만 허락하는 시간을 정해보세요.

졸리거나 지루해서 딴생각으로 빠지지 않도록 한 번에 20분을 넘지 않는 것이 좋아요.

조금씩 천천히 차근차근 지금의 나에게 집중해보세요.

WHO가 정의내린 완전한 건강이란?

단순히 질병이나 불구가 없는 것이 아니라

신체적, 정신적, 사회적

그리고 영적으로 행복한 역동적인 상태.

네
번
째
숨

행복한 뇌를
만드는 방법을 아나요?

생각했던 것과는 다르네요

'명상'이라고 하면 어떤 이미지가 떠오르나요? 불교, 스님, 템플스테이, 숲속, 요가, 가부좌, 생활한복 등등이 있을 겁니다. 실제로 구글에서 명상이란 단어로 검색하면 나오는 이미지들도 앞서 나열한 것들과 같습니다. 경치가 끝내주게 좋고 사람이 없는 곳에 나 홀로 가부좌를 틀고 앉아서 무릎 위에 손을 올려놓고 눈을 감고 있는 사진을 한 번쯤은 본 적이 있을 겁니다.

그래서 명상을 하려면 어딘가로 한적하고 인적이 없는 곳으로 가서 수련을 해야 할 것만 같습니다. 속세를 끊고 절에 들어가는 상상을 많이 하기도 합니다. 예전에 비해서 명상이 많이 알려지고 일상으로 들어오긴 했지만 아직도 정확한 정보 부족으로 인한 막연함이 있습니다.

"생각했던 것과는 좀 다르네요."

명상클래스를 진행하며 자주 듣는 이야기입니다. 물론 긍정적인 의미에서의 다름입니다. 그만큼 명상에 대한 고정관념이 있다는 뜻이겠죠. 저 또한 명상을 오해하고 있던 사람 중 한 명입니다.

저도 처음 명상을 배우기 시작하며 제가 명상에 대해 가졌던 생각과는 다른 점이 많다고 느꼈습니다. 우선 제일 먼저 느낀 것은 명상은 핫hot한 아이템이라는 겁니다. 명상은 과학, 의학, 심리학 등 학문적으로도 주목받고 있는 주제이자, 개인의 흥미와 취미로서의 유행도 시작되고 있습니다. 구글, 애플 같은 시대를 이끄는 기업에서 사내 프로그램으로 명상을 도입하고 있으며, 오프라 윈프리, 휴 잭맨, 미란다 커 같은 해외 유명 셀러브리티뿐만 아니라 이효리, 강하늘, 김하온 등 우리나라에서 유행을 이끄는 연예인들도 이미 명상을 즐기고 있습니다. 전 세계 모든 유행의 최전선이라는 뉴욕 맨해튼에서는 도심 한복판에서도 명상을 할 수 있도록 만든 명상버스가 돌아다닌다고 해요. 뉴요커들에게 명상은 커피와 요가만큼이나 인기 있는 아이템이라니! 명상은 속세를 버리고 산속 깊은 절에 들어간 스님이나 하는 건 줄 알았는데 말이죠. 요즘 표현으로 명상은 진정한 인싸템이었어요! 유행을 만들진 못할지언정 유행에 뒤처질 순 없다는 욕구가 불타올랐습니다. 내 스타일은 아니라던 명상에 대한 호감이 급상승했습니다.

'핫한 유행템이라서 좋아졌다니 명상선생님의 시작이라 하기엔 너무 가벼운걸?'이라는 생각이 들었나요? 무언가 거창하게 삶에 대한 큰 뜻을 품고, 우직하고 뚝심 있게 세상의 유행 따위에는 흔들리지 않는 명상선생님을 상상하셨다면 단언컨대 저는 아닙니다. SNS에서 유명한 맛집이나 카페를 찾아가기도 하고 새로 나온 과자, 음료는 꼭 먹어보고야 맙니다. 한정판으로 나온 제품을 사려고 애쓰기도 합니다. 명실상부 소비요정이지요. 평소 말수 없이 조용하거나 얌전하고 참한 스타일도 물론 아닙니다. 새로운 유행과 세상 돌아가는 일에 관심이 많은 편이지만 핵인싸도, 아싸도 아닌 나름의 인생을 즐기고 사는 사람 중 한 명입니다. 여러분이 상상했던 명상선생님의 이미지와 같은가요? 아님 고개를 갸우뚱하게 되나요?

명상이 생각했던 것과는 다르다는 피드백만큼 명상선생님인 저에 대해서도 상상했던 것과는 다르다는 말을 듣습니다. 민낯에 생활한복이라도 입고 있기를 기대한 걸까요? 명상선생님이라고 보기엔 트렌디하고 쿨해 보인다는 말을 듣습니다. 기분 좋은 반전이라 생각하고 감사한 칭찬으로 듣고 있지만 명상 자체에 대한 이미지만큼이나 명상을 하는 사람에 대해서도 고정된 이미지가 있다는 생각이 들어요. 사실 제 친구들도 제가 명상을 한다는 말을 들었을 때 '네가? 명상을? 왜?'라며 갸우뚱하기도 했습니다. '어디 가?' '속세를 끊는 거야?' '연락이 안 되는 건 아니지?'라는 말을 듣기도 했었죠.

제가 그랬던 것처럼 명상은 뭔가 고립된, 혹은 유행과는 멀리 떨어진, 모든 욕망을 내려놓은, 세속적인 것과는 반대된 이미지라고 생각하는 것 같아요. 여전히 명상이 가지고 있는 신비스러움,

종교적인 이미지 때문에 쉽게 다가가지 못하거나, 나와는 다른 사람들이 하는 것이라는 생각들을 꽤 많이 가지고 있는 것 같습니다. 하지만 명상은 멀리 있지 않습니다. 오히려 삶의 한가운데 있습니다. 특정인 혹은 나와 다른 누군가의 전유물이 아닙니다. 누구나, 모두가 할 수 있습니다. 해야만 합니다. 어쩌면 삶을 살아가는 것 그 자체가 명상일지도 모릅니다. 우리는 한순간도 쉬지 않고 숨을 쉬고 있고 그 숨 하나하나를 놓치지 않는 것이 명상이기 때문이에요.

한동안 그리고 지금도 '힐링'이라는 단어가 유행입니다. 잊고 살았던 나, 지치고 힘들었던 나를 돌보고 싶어 하는 사람들이 많아졌습니다. 나를 위한 시간을 가져보려고 하지만 막상 시작하려니 이런저런 이유가 발목을 잡습니다.

"애들이나 하는 거잖아! 유치해!"

"너무 옛날 거 아냐? 유행 다 지났어!"

"돈이 있어야 하지! 시간이 있어야 하지!"

"손재주, 잔재주가 없어서 못해!"

"어려워 보여. 난 머리가 나빠서 못해."

명상 앞에선 이 모든 핑계가 무력해집니다. 준비물도 자격도 필요 없습니다. 나이도 성별도 지위도 따지지 않습니다. 모두에게 평등합니다. 그저 하기만 하면 됩니다. 아니 이미 하고 있었던 걸 알기만 하면 됩니다. 지금 숨 쉬고 있죠? 그거면 됩니다. 새로운 무언가가 아니라 지금껏 해오던 것입니다. 내가 하고 있다는 사실을 잊고 있을 뿐이었죠. 지금껏 하던 것을 다시 알아차리는 것뿐인데 새로운 기술을 배우는 것보다, 엄청난 돈을 투자하는 것보다 효과는 더 좋습니다. 그래서 인기인가 봅니다. 누구나 할 수 있으니까요. 게다가 최소한의 투자로 최대의 효과라니! 마치 약장수라도 된 기분이네요. '밑져야 본전'이라는 말을 합니다. 그런데 생각해 보면 어떤 일이 잘못되어 밑졌다고 할 때 손해를 보지 않는 일은 세상에 별로 없습니다. 뭔가 꼭 손해가 나곤 합니다. 명상은 진짜 손해가 없습니다. 많은 투자나 위험부담도 없습니다. 해야 할 이유는 많은데 안 할 이유가 없습니다. 일단 한 번 해 봐요!

과학이 효과를 증명합니다

명상에 대한 호감에 쐐기를 박게 해 준 것은 명상은 과학적이라는 겁니다. 저는 감성적이고 직관적이긴 하지만 근거와 증명 또한 중요시하는 사람입니다. '명상이 필요한 시대이다.' '명상을 하면 좋다.'는 이야기를 들으면서 '그래서 뭐가 좋은데?'라고 물으면 '몸에는 참 좋은데 뭐라 말하기가 애매하네.'라는 식의 뜬구름 잡는 대답은 명상에 대해 신뢰하기 힘들었습니다. 뭔가 미신같은 느낌이 들었거든요.

특히 요즘은 팩트 체크를 중요시하는 시대잖아요. 명상에 대한 관심이 높아지고 이러한 관심은 뇌의 활동을 촬영할 수 있는 과학기술의 발달과 더불어 명상의 효과를 객관적으로 증명할 수 있는 계기가 되었습니다. 지금은 전 세계적으로 명상과 관련된 논문들이 쏟아져 나오고 있으며 실제적으로 명상의 효과를 증명하면서 병원의 치료와 상담의 현장에서 명상이 적극적으로 도입되고 있습니다.

'스트레스가 줄어든다, 쉽게 지치지 않는다, 집중력이 향상된다, 학습과 기억능력을 향상시킨다, 우울, 불안이 줄어든다, 업무의 효율성이 올라간다, 창의성이 발달한다, 인간관계가 원활해진다, 혈압이 내려가고 심장박동이 느려진다, 두통이 줄어든다, 빨리 잠들고 깊은 잠을 잘 수 있다, 체중조절에 도움을 준다, 각종 통증을 줄여준다, 노화를 늦춘다, 치매를 예방한다, 면역력 강화된다.' 등등 과학적으로 증명되고 있는 명상의 효과들입니다.

만병통치약이 따로 없습니다. 다시 한 번 약장수가 된 기분이네요. 부잣집 딸인데 예쁘고 몸매도 좋은데 공부는 물론이고 음악, 미술, 체육도 잘하는데 성격까지 착하답니다. '에이, 그런 사람이 세상에 어딨어?'라고 생각했는데 진짜 그런 사람이 있는 거죠.

바로 명상입니다. 이 모든 것들이 가능한 이유는 바로 명상으로 뇌가 바뀌기 때문입니다. 20세기까지만 하더라도 다 자란 성인의 뇌는 변하지 않는다는 것이 정설이었습니다. 하지만 뇌과학 기술의 발달로 우리가 뇌를 어떻게 사용하는지에 따라 뇌는 끊임없이 변한다는 사실을 알게 되었습니다. 내가 받아들인 정보에 따라 뇌에서는 뉴런 간의 연결 관계가 바뀌며 새로운 신경망이 구축된다고 합니다.

이를 뇌의 신경가소성Neuroplasticity이라고 합니다. 즉 우리가 사용하는 대로 사용자 맞춤형 뇌가 되는 것입니다. 택시 운전기사들의 뇌는 일반인보다 공간을 탐색하는 뇌의 부분이 발달해 있고, 전문 음악가는 시각(악보보기), 청각(음악듣기), 움직임(악기연주)과

관련된 부분이 발달해 있다고 합니다.

　우리의 신체기관은 대부분 25세를 기점으로 노화를 시작합니다. 탱탱했던 피부는 탄력을 잃어가고 탄탄했던 근육도 점점 줄어듭니다. 체력은 하루가 다르게 떨어지는 것 같죠. 으레 뇌도 늙는다고 생각합니다. 뇌도 늙긴 합니다. 60세가 넘어가면 학습이나 기억의 속도가 느려지긴 합니다만 단지 노화 때문이라기보다는 살아온 세월 동안 쌓아놓은 많은 정보들의 간섭이 미치는 영향도 있습니다. 아무튼! 노화는 어쩔 수 없다고 속수무책으로 당하고 있진 않나요? 자꾸 깜빡하거나 말하려는 단어가 바로 떠오르지 않는다고요? 늙어서 그렇다고요? 아니요!! 뇌를 쓰지 않기 때문일 겁니다. 요즘 우리는 뇌를 정말 안 씁니다. 쓸 일이 없습니다. 뇌가 할 일을 스마트폰이 대신 다 해주고 있으니까요. 나의 뇌가 기억할 필요가 없습니다. 전화번호도, 단어도, 처음 가는 길도 내가 아닌 스마트폰이 기억합니다. 심지어 나는 잊은 나의 추억도 스마트폰은 갤러리 안에 사진으로 고스란히 기억해둡니다. 나의 뇌가 할 일이 없어졌어요. 안 쓰는 기계는 녹이 슬기 마련입니다. 뇌는 사용하는 대로 맞춤이 된다는데 사용하지 않으니 사용하지 않는 뇌로 맞춤이 될 수밖에요. 적극적으로 뇌를 사용해야 해요. 우리 몸 중에 우리가 유일하게 죽을 때가 발전시킬 수 있는 건 뇌밖에 없을 겁니다.

　연구에 의하면 뇌의 활성화 정도를 통해 개인의 감정 상태도 알 수 있다고 합니다. 오른쪽 뇌의 이마 쪽 앞부분 전전두엽이 활성화되어 있는 사람은 불안, 우울하고 쉽게 낙담하며 활력이 떨어진다고 합니다. 만성 우울증 환자나 불안 장애 환자들에게서 이런 뇌의 활동이 관찰됩니다. 반대로 왼쪽 뇌의 이마 쪽 앞부분 전전두엽이 활성화되어 있는 사람은 열정적이고 행복감이 넘치고 매사에 활력과 만족감이 넘치는 모습이 관찰되었다고 해요. 그렇다면 왼쪽 전전두엽을 활성화시킬 수 있다면 우리도 행복한 사람이 될 수 있지 않을까요?

　우리 뇌는 행복과 즐거움보다는 불안, 공포들을 더 쉽게 기억합니다. 이유는 충분히 납득이 갑니다. 불안, 공포와 같은 부정적인 감정들은 생존에 위협을 가할 수도 있는 요소이기 때문에 꼭 기억하고 있어야만 혹시 모를 위험에 대비해 안전하게 지낼 수 있기 때문입니다. 애초부터 우리의 뇌는 부정적 감정의 회로에는 불이 잘 들어오도록 설계된 것입니다. 그렇다면 행복과 즐거움 같은 긍정적 감정 회로는 어떨까요? 불이 잘 들어오나요? 그 불이 오래 꺼지지 않고 계속되나요? 행복의 회로에 불이 잘 들어오게 하는 방법, 오랫동안 행복 회로의 불을 켜지게 하는 방법, 바로 명상입니다. 실제로 이것은 증명되었습니다. 오랫동안 명상을 수행한 티

베트 승려들의 뇌의 활성도를 촬영해보니 모든 승려들의 좌뇌 전전두엽의 활동이 우뇌의 전전두엽 활동보다 우세했다고 합니다. 행복한 뇌가 된 것이죠.

하지만 우리 모두가 승려처럼 하루 종일 명상에만 몰두할 수도, 일생을 바칠 수도 없는데 행복한 뇌가 될 수 있을지 의문을 가질 수도 있습니다. 결론부터 말하자면 충분히 가능합니다! 한국 명상의 권위자인 장현갑 교수의 저서《명상이 뇌를 바꾼다》에서 언급한 내용을 보면 일반인을 대상으로 한 연구에서도 마음챙김 명상수업을 진행한 후 좌측 전전두엽의 활동이 우세해진다는 연구결과가 나왔습니다. 하루 40분 정도를 투자했을 때 짧게는 8주 만에 효과가 나타났다고 해요. 다 커서는 뇌가 잘 변하지 않을 것만 같았는데 어쩌면 살을 빼는 것보다 뇌를 바꾸는 게 더 쉬울 수도 있겠다는 생각이 듭니다.

현시대를 살고 있는 사람들에게 스트레스는 필수조건이 되어버린 것 같습니다. 유치원에 다니는 다섯 살짜리 꼬마조차도 스트레스 받는다는 말을 할 정도이니 말이죠. 스트레스는 우리 몸의 거의 모든 질병과 연관이 있다고 해도 과언이 아닙니다. 병원 치료를 받을 정도의 질병이 아니더라도 스트레스는 각종 신체적 통증과 심리적 불편감은 만들어내죠.

이러한 고통들 자체가 또 다른 스트레스를 만들어내고 그 스트레스로 인한 다른 고통이 또 생기고 뫼비우스의 띠 같은 악순환이 계속됩니다. 스트레스에 시달리고 스트레스로 인한 고통에 시달리는 동안 우리의 뇌는 우울하고 괴로운 뇌가 될 수밖에 없겠죠. 우울한 뇌는 우리를 작은 자극에도 더 민감하고 괴롭게 하니 불안해질 수밖에 없습니다. 화를 치밀게도 하고, 의욕이라곤 찾아볼 수 없이 낙담하게 만들기도 합니다. 부정적 감정의 회로에만 불이 들어오는 우울한 뇌가 되는 겁니다. 행복의 회로의 불은 퓨즈가 나간 것과 같은 상태가 되죠. 우울한 뇌가 된 상태에서는 뭘 해도 재밌는 일, 행복한 일이 없다고 말하는 이유를 이젠 이해가 되실 겁니다. 행복의 회로에는 불이 들어오지 않기 때문이죠.

뇌가 불쾌하거나 불편하면 우리에게 어떤 식으로든 신호를 보냅니다. 하지만 그 신호를 알아채지 못하는 경우가 많습니다. 알아챘다고 하더라도 임기응변식으로 대처할 뿐이죠. 두통이 올 때는 진통제를, 소화가 안 될 땐 소화제를 어깨가 아플 땐 파스를 붙이는 식으로 겉으로 표현되는 증상에 대한 대처를 할 뿐 근본적으로 해결할 시도를 하지 못합니다. 뇌를 달래주고, 쉬게 해 줘야 하는데 말이죠. 뇌가 원하는 것은 하지 않고 주변만 맴돌고 있으니 뇌는 더 화가 날만도 합니다. 배고파 우는 아이에게 젖병은 주지 않고 기저귀만 갈아주고 있는 것처럼요.

저도 그런 사람 중에 한 명이었어요. 돌려 막기와 자기합리화의 달인이었죠. 뇌는 달래 줄 생각도 못 했고, 뇌가 바뀐다고 생각하지도 않았어요. 뇌는 다 자랐고, 이제 뇌가 늙을 일만 남았다고 여겼죠. 그런데 명상으로 뇌가 바뀐다니! 그것도 행복한 뇌로 바뀐다니! 이보다 더 유혹적인 말이 있을까요? 살은 뺄 수 있어도 팔다리 길이나 전체 비율 같은 체형은 고칠 수 없는 것처럼 뇌도 일단 타고나면 더 이상 바뀔 수 없다고 생각했던 것 같아요. 하지만 죽는 날까지 내가 쓴 대로 바뀔 수 있다니 몸매 미인, 피부 미인은 못되더라도 뇌 미인은 되고 싶은 마음입니다.

명상은 수천 년 전부터 존재해왔습니다. 하지만 최근에 와서야 많은 사람들이 찾으며 유행이라 할 만큼 인기를 끄는 건 단순히 명상의 과학적 검증이나 마케팅 때문만은 아닐 것이라 생각합니다. 지칠 만큼 지친 현대인들이 살아남기 위해 찾은 오아시스이자 다시 행복해지고 싶은 현대인이 찾은 삶의 열쇠인 것 같아요. 행복한 뇌가 된다는 것은 진통제 같은 임시방편이 아니라 기본적인 삶의 시스템이 바뀌는 것과 같습니다. 심지어 부작용도 없답니다! 다이어트 약을 먹고 살을 빼면 단기간에 확 뺄 수 있다고 합니다. 쉽고 빠른 방법이라 유혹적이긴 하지만 몸에 이상 반응을 가져오거나 뺀 것보다 살이 더 찌는 요요가 오기도 합니다. 시간이 조금 걸릴지언정 체질 자체를 살이 찌지 않는 체질로 바꾼다면 훨씬 더 건강하고 원하는 몸매를 유지할 수 있죠. 명상이 뇌의 체질을 바꿔준답니다. 행복한 체질로 말이죠.

마음챙김 명상

마음챙김 명상은 호흡 명상을 기본으로 합니다. 호흡 명상을 하면서 호흡을 알아차리고, 외부 환경도 알아차리고, 나의 마음에서 일어나는 감정, 생각을 알아차리면서 편견 없이 바라보는 훈련입니다.

바닥에 앉거나 의자에 앉아서 진행합니다. 허리를 바르게 세우고 어깨의 긴장을 내려놓습니다. 손은 무릎 위에 편안히 올려놓습니다. 눈을 가볍게 감고 미간과 입꼬리에 미소를 짓는다고 상상하면 얼굴의 긴장감도 내려놓을 수 있습니다.

앉아 있는 내가 큰 나무나, 산이라는 상상을 하면서 위엄 있고 안정감 있게 두 엉덩이에 고르게 무게가 실리도록 자세를 바로잡아 봅니다.

자연스러운 몇 번의 호흡과 함께 이 귀한 시간을 마련한 스스로에게 감사와 사랑의 마음을 보냅니다.

자연스러운 들숨과 날숨을 느껴봅니다.

코끝이나 윗입술에 지나가는 공기의 느낌에 집중하셔도 좋습니다.

호흡이 안정되는 순간을 경험해 보세요.

이내 생각이 찾아올 겁니다. 자연스러운 현상입니다. 생각은 워낙 그러합니다. 생각이 났구나 알아차리기만 하면 됩니다. '아 생각!'이라고 이름표를 붙여 보내고 다시 호흡으로 돌아오세요.

호흡으로 느껴지는 감각들을 알아차림 합니다.

호흡이 편안해졌다면 다른 감각들도 알아차려 봅니다.

앉아 있는 엉덩이의 무게, 바닥과 닿아 있는 발바닥의 느낌, 어깨의 느낌 등 세세하고 애정 어린 마음으로 알아차림 합니다. 알아차리는 것은 판단하거나 분석하는 것이 아닙니다. 그저 '아! 이런 느낌이구나.' 알기만 하면 됩니다.

주변의 소음이 있다면 그 소음도 알아차려 보세요. 분석하거나 판단하지 말고 '이런 소리가 나고 있구나.' 알아차리기만 하면 됩니다. 그리고 다시 호흡으로 돌아오세요. 호흡은 우리를 붙잡아 주는 닻입니다.

모든 감각을 열린 마음으로, 호기심 가득한 아이처럼 발견해 보세요.

인생의 목적은 삶을 살아가고,

최대한 체험하며, 좀 더 새롭고 풍부한 경험에

기꺼이 다가가는 것이다.

- 엘리너 루스벨트

감정을 드러내는 게
두려운가요?

감정적이고 싶진 않아요

생각 때문에 힘들어하는 이유는 끊임없이 생겨나는 생각의 특성도 있겠지만 생각을 하게 되면 그 생각과 연관된 감정이 자동적으로 따라오기 때문입니다. 아주 오래전 일이지만 어릴 적 길을 잃어버렸던 생각을 하면 무서웠던 감정이 따라오고, 시험이나 발표를 생각하면 불안해지기도 합니다. 열렬히 사랑했던 이를 생각하면서 그때의 열정 혹은 아련함이 함께 떠오릅니다.

반대로 감정이 생각을 부르기도 합니다. 뭔가 등이 서늘해지는 느낌이라도 들면 도둑, 강도, 귀신에 이르기까지 온갖 무서운 생각들이 덮쳐옵니다. 누군가에게 서운한 감정이 들었다면 그 사람이 10년 전에 했던 서운한 말 한마디까지 죄다 기억납니다.

생각 자체로는 좋고 나쁨이 없습니다. 물론 감정도 좋고 나쁨이 절대 없습니다. 행복, 기쁨, 즐거움은 좋은 것이고, 불안, 슬픔, 분노는 나쁜 것이라고 생각하게 된 것은 후자의 감정들은 피하고 싶은 것들이고 피하려니 숨기게 되고, 숨겼다가 들키기라도 하면 파괴적인 방법들로 표현이 되기에 나쁜 것들이라는 꼬리표가 붙게 된 것 같습니다. 하지만 전혀 나쁘지 않은 감정들이며 살아가면서 충분히 느끼고 충분히 표현해야 하는 감정들입니다.

"감각이 살아있는데!"

"감각적인데?"

"오! 갬성!"

"감성 폭발!"

이런 말을 들으면 우쭐하거나 자랑하고 싶은 마음이 듭니다. 당장 SNS에 올려야 할 것 같은 기분이랄까요?

"너 나한테 감정 있냐?"

"넌 왜 그렇게 감정적이니?"

이런 말을 들으면 기분이 어떠신가요? 아마도 대부분은 좋지 않은 기분일 겁니다. 적대적이거나 미성숙한 사람이라고 취급하는 것 같기 때문입니다. 우리가 가지고 있는 감정에 대한 태도를 단적으로 보여주고 있는 예라고 생각해요. 비슷해 보이는 감씨 삼 형제 감각, 감성, 감정 셋 중에 유독 감정만 차별당하는 느낌입니다.

감각感覺은 눈, 코, 귀, 혀, 살갗을 통하여 바깥의 어떤 자극을 알아차리는 것을 말합니다. 감씨 삼 형제 중 우직한 첫째입니다. 감각은 가장 순수하고 단순합니다. 꾸며짐이 없이 실제로 느껴지는 그 자체입니다. 그렇기에 우리가 명상을 하면서도 감각에 집중하는 이유입니다. 둘째인 감정感情은 어떤 현상이나 일에 대하여 일어나는 마음이나 느끼는 기분입니다. 즉 외부 자극에 대한 우리의 반응입니다. 주관적이라는 것, 그리고 반응한다는 것이 핵심입니다. 같은 사건이라도 개인의 신체적, 심리적, 사회적, 문화적 원인에 따라 다른 반응을 보이죠. 막내 감성感性은 사전적으로 자극이나 자극의 변화를 느끼는 성질이라고 하며 철학적으로는 외부로부터의 자극을 오감으로 알아차리고 지각하여 표상을 형성하는 인간의 인식능력이라고 한답니다. 여기서 감성의 중요한 특징은 표상을 형성한다는 것이죠. 표상은 대표할 수 있는 상징이기에 사회적으로 공감을 받습니다. 즉 감성은 외부로부터의 자극을 잘 포장하는 능력인 겁니다.

둘째들은 설움이 많다고 하죠. 첫째에게 눌리고 막내에게 치이면서요. 꾸며지지 않은 순수한 첫째(감각)과 보기 좋게 잘 꾸며져 세련된 막내(감성) 사이에서 둘째(감정)는 자꾸 우선순위가 밀리는 것 같습니다. 그렇지만 감각이나 감성 두 형제보다 감정은 행동력이 제일 좋습니다. 우리를 어떻게든 반응하게 하니까요. 물론 좋은 반응만 있지는 않겠죠. 격하고 강하게 반응하는 경우도 많습니다.

또한 우리의 뇌는 부정적 편향성 때문에 좋았던 반응들보다 힘들었던 반응을 더 잘 기억하게 합니다. 힘들고 지치고 괴로웠던 기억은 잘 잊히지 않고 생생하게 느껴지기도 하죠. 감정 자체도 힘든 감정이 더 잘 기억되겠죠. 그렇다 보니 감정으로 인한 반응이 힘들다고 생각하는 것 같아요. '감정적인 것은 날 힘들게 해!'라는 편견이 생기는 겁니다. 감정적인 사람보다는 이성적인 사람이 더 능력 있는 사람으로 인식되는 사회적인 분위기도 감정을 더 평가절하하게 만듭니다. 하지만 연구결과를 보면 이런 인식은 사실이 아니라고 합니다. 군대와 같은 상하수직관계가 명확하고 딱딱하다고 느끼는 조직에서조차 감정적으로 열려있는 사람이 더 빨리 승진하는 것으로 나타났거든요. 감정은 이성과 분리되는 것이 아니라 오히려 이성과 함께 짝을 이룹니다.

감정 자체는 나쁜 것이 아니라는 것을 알겠지만 그럼에도 감정에 대해 한 발짝 물러나게 되는 이유는 일단 감정을 만나면 조절하기가 쉽지 않다고 느끼기 때문입니다. 왜 조절이 쉽지 않은 걸까요? 애초부터 조절이 어려웠던 건 아닐 겁니다. 하지만 어느 순간 조절버튼이 고장나 버린 것 같은 느낌입니다.

감정을 어느 순간부터 피했을 거예요. 혹은 속였을 수도 있어요. 종종 가면을 쓰고 삽니다. 내 진짜 표정을 가리고 사회적인 웃음을 장착합니다. 처음엔 언제든 가면을 벗어버릴 수 있었지만 점점 가면이 내 얼굴에 붙어버린 것 같습니다. 얼굴은 가면으로 대체한다지만 마음은 어떨까요? 피해버린 감정들, 속여 버린 느낌들이 사라지지 않고 차곡차곡 쌓입니다. 마음의 공간이 있어야 어떤 감정인지 충분히 느끼고 그에 따라 반응을 선택할 수 있을 텐데 빈틈없이 꽉 들어찬 감정은 작은 틈새만 생기면 폭발하듯 터져 나오는 상태가 되어 버렸습니다.

공간을 만들어야 해요. 잠시만 멈추어요. 물에 빠질 것 같을 때 허우적대는 것보다 온몸의 힘을 빼고 누우면 몸은 자연스레 물 위에 뜹니다. 피하지도, 숨기지도, 속이지도 말아요. 일단 힘을 빼고 가만히 조용히 천천히 바라보세요. 내 호흡에 몸을 맡기세요. 나를 힘들게 하던 감정들마저도 자연스럽게 사라져 가는 걸 지켜볼 수 있을 거예요. 꼭꼭 숨겼다가 터져 나오기 전에 흘러가게 두세요.

파도타기에 도전합시다

〰️

　지난여름 처음으로 서핑에 도전했습니다. 말 그대로 도전이라고 표현해야 할 만큼 서핑은 저에게 큰 사건이었습니다. 우선 저는 물을 무서워합니다. 짠 물은 더 싫어합니다. 자전거, 못 탑니다. 면허는 있지만 운전도 못합니다. 무서워서요. 스키를 탈 줄은 알지만 스피드가 무섭습니다. 운동신경 또한 그저 그렇고 운동을 좋아하지도 않습니다. 이쯤 되면 '굳이 서핑을 왜 해?' 싶으시겠죠? 그럴듯한 이유는 없습니다. TV에서 연예인들이 서핑하는 모습이 종종 나오더라고요. SNS에 사진도 많이 올라오고, 남들 다 해보는 것 같으니까 나도 해보고 싶은 마음, 그 이유였습니다. 어디서 많이 들어본 이유 같지 않으신가요? 네, 명상을 시작했을 때와 비슷한 이유입니다. 아무튼 핫하다는 것들은 해봐야 직성이 풀리나 봅니다.

　애초에 큰 기대 따위는 없었습니다. 보드 위에 설 수 있을 거라는 기대 자체가 없었습니다. 그냥 둥둥 떠 있다 오겠구나 싶었죠. 그런데 섰습니다. 물론 엄청나게 짠물을 먹고 영혼이 탈출하기 직전의 아주 짧은 시간이었지만요. 그리고 알겠더군요. 왜 서핑에 빠지는지 말입니다. 고작 몇 초의 시간이었지만 파도가 나를 밀어주고 있다는 느낌, 보드 위가 아니라 바다 위에 서 있는 것 같은 느낌은 모든 생각을 잊게 만드는 매력이었습니다. 그리고 깨달음의 순간이었습니다. 서퍼들은 서핑을 '바다 위의 명상'이라고 표현한다고 합니다. 신기하게도 서퍼들의 이 표현을 알기 전에도 저는 명상은 수업을 진행하면서 "호흡의 파도를 탄다는 상상으로 호흡에 몸을 맡겨보세요."라고 말하곤 했습니다. 그러고 보니 서핑과 명상은 공통점이 많았습니다. 서핑 자체가 마음챙김이라는 생각이 들었습니다.

"감정 기복이 너무 심해서 힘들어요."

감정 기복起伏은 높아졌다 낮아졌다 하는 감정의 파도입니다. 글자 뜻 그대로 파도가 잔잔한 날도 있고 높은 날도 있습니다. 서퍼처럼 파도를 잘 타면 좋을 텐데 아직 우리는 우리의 감정 파도의 서핑을 할 줄 모르는 것 같습니다. '해봤자 짠물만 먹을 텐데.' '일어서지도 못할 텐데.' '힘들어서 못 할 거야.'라고 생각하면서 지레 겁을 먹고 시도도 해보지 않고 있는 많은 사람들에게 "야, 나두! (했어) 야, 너두! (할 수 있어!)"라고 말해주고 싶군요. 바다의 서핑이든 감정의 서핑이든 둘 다!

첫째, 일단 입수. 서핑을 위해선 우선 바다로 들어가야겠죠. 이것부터가 사실 쉽지 않은 일입니다. 물을 싫어하는, 무서워하는 제가 그랬던 것처럼 평소 감정 자체로 힘들어했거나 감정을 등한시했다면 감정을 향해 가는 것이 두려운 일일 거예요. 하지만 과연 감정 없이 사는 삶이 좋을까요? 아니 그것이 인간의 삶이긴 할까요? 이성적인 판단에서조차 감정은 꼭 필요한 요소입니다. 그리고 감정이 없다면 행복한 감정도 없을 테니 또 그런 삶은 싫습니다. 기분 좋은 감정들을 더 충분히 즐기기 위해서도 감정을 향해 나아가는 일은 중요합니다.

서핑을 처음 시작하면 우선 지상에서 배웁니다. 하지만 지상에서 아무리 잘한다 한들 바다에 들어가 보지 않고는 서핑을 해봤노라 이야기할 수 없겠죠. 머리로는 이해하지만 마음으로 느끼지 못한다면 공허함만 커질 뿐입니다. 감정도 충분히 경험할 필요가 있습니다. 처음부터 깊은 감정의 바다로 풍덩 빠지라는 이야기가 아닙니다. 초보들의 서핑은 파도가 잔잔하고 발이 닿는 얕은 곳에서 시작해요. 감정의 파도도 지금 내가 감당할 수 있을 정도부터 시작하면 됩니다.

둘째, 기다리며 바라보기. 많은 스포츠들이 내 마음대로 하기 어렵다 하지만 서핑은 서핑을 할 수 있는 조건 자체가 내 마음대로 될 수가 없는 스포츠입니다. 바로 파도 때문입니다. 파도는 자연의 움직임입니다. 내가 파도를 만들 수는 없습니다. 서퍼들은 단 몇 초간의 파도를 타기 위해 바다 위 보드에 앉아 몇 시간씩 파도를 기다리기도 한답니다. 몇 시간이 아니라 며칠을 기다리기도 하죠. 그 기다림이 있기에 내가 즐길 수 있는 순간이 더 소중해지는 것 같습니다. 기다리는 동안 넋을 놓고 있는 건 아닙니다. 파도를 바라보는 겁니다. 내가 제대로 탈 수 있는 좋은 파도인지 알아봐야 하니까요.

생각을 쉬면서 나를 바라보는 명상, 마음챙김과 정말 비슷합니다. 감정의 파도를 타기 위해서는 감정을 바라볼 수 있어야 해요. 감정도 파도처럼 내 마음대로 조절할 수 없습니다. 감정에 대한 표현을 조절할 뿐입니다. 감정을 조절할 수 있다면 트라우마라는 것이 없겠지요. 비극적이거나 충격적인 사건을 겪어도 '난 즐거움을 느끼겠어!'라고 하면 될 테니까요. 만약 감정을 느끼는 것 자체를 조절할 수 있다고 생각했다면 그동안 나를 너무 통제하며 살아온 것은 아닌지 돌아볼 필요가 있습니다. 감정을 느끼는 것 자체는 조절 혹은 통제의 대상이 아닙니다. 다만 우리는 감정에 따른 반응은 선택할 수 있습니다. 어떤 감정이 내게 오고 있는지 알아야 반응도 제대로 할 수 있겠죠. 잔잔한 파도든 거친 파도는 내가 그 파도를 잘 탈 수 있으려면 우선 바라보아야 합니다.

셋째, 바라보며 알아채기. 서퍼의 가장 중요한 덕목은 파도를 읽어내는 능력이라고 합니다. 그렇기에 기다릴 줄 알아야 하고 바라볼 수 있어야 하죠. 그러다 좋은 파도가 오면 타이밍을 놓치지 않고 파도를 타는 거죠. 누구나 그렇듯 처음부터 파도를 잘 읽을 수는 없습니다. 정확한 타이밍을 잡기란 더더욱 훈련이 필요하고요. 우리 마음도 그래요. 처음엔 바라봐도 잘 모르는 경우가 많습니다. 하지만 일단 나의 호흡과 함께 기다립니다. 그러면 고요해집니다. 바라보기 쉬워져요. 나에게 어떤 감정이 드는지 감정 자체에 대한 인식을 못 하는 경우도 많습니다. 감정을 인정하는 것은 더욱 어려워하고요. 일단 어떤 감정이든 감정이 느껴짐을 알아차려야 해요. 파도가 오는지 먼저 알아야 파도를 탈 수 있는 것처럼요. 그리고 여기서 중요한 것은 너그러이 따뜻하게 친절한 마음으로 바라보는 것입니다. 좋은 파도니까 빨리 오라고 안달하고 재촉한다고 빨리 오나요. 거친 파도는 오지 말라고 내친다고 파도를 막을 수도 없겠죠. 어떤 파도가 오든 늘 받아주는 너른 백사장처럼 나의 감정의 파도에도 너그럽고 친절한 마음을 가지고 바라봐주세요. 그러면 자연스레 받아들이게 될 거예요. 왜냐하면 누누이 말하지만 감정 자체는 나쁜 것이 아니니까요.

넷째, 알아채고 몸을 맡기기(순산을 즐기기). 파도를 이기려고 하는 서퍼는 없습니다. 파도에 몸을 맡기는 서퍼만이 있을 뿐이죠. 파도가 밀어주는 힘으로 보드 위에 올라서 파도를 탑니다. 마치 물 위를 걷는 기분이죠. 기다림은 길고 즐기는 순간은 짧지만 그 순간의 즐거움에 매료되고 맙니다. 자연스레 파도는 부서지고 순간의 즐거움도 끝이 납니다. 생각과도 많이 싸우지만 감정과도 많이 싸웁니다. 처음엔 감정을 이기는 것 같습니다. 하지만 감정에게 이기면 이길수록 오히려 감정은 더 세져서 돌아옵니다. 감정을 느끼는 것, 파도를 이기려 하지 않고 파도에 몸을 맡기는 것과 같습니다.

기쁜 감정은 너무 즐기려고, 슬픈 감정 너무 피하려고 하진 않으신가요? 애쓰지 마세요. 그저 몸을 맡기면 어느새 파도가 부서지듯이 감정도 사라집니다. 모든 감정은 자연사합니다. 오히려 내가 사라져가는 감정에 불씨를 지피고 있는 것은 아닌지 돌아볼 필요가 있습니다. 헤드스페이스의 대표 앤디 퍼디컴의 저서에서 행복을 영원히 유지할 수도 불행을 억지로 몰아낼 수도 없다고 했어요. 진정한 행복이란 그 어떤 감정이 일어나도 편안할 수 있는 능력이라고 말하죠. 서핑에 한번 빠지면 출구가 없다고들 합니다. 왠지 그 이유를 알 것 같습니다. 낮은 파도든 높은 파도든 어떤 파도가 와도 그 파도에 몸을 맡겨 본 사람은 진정한 행복을 맛봤기 때문은 아닐까요?

다섯째, 즐길 수 없으면 피하기. 피할 수 없으면 즐기라고 합니다. 그래서 즐기려고 해봤습니다. 즐기는 척까지는 했지만 진짜 즐겨지지는 않더군요. 결국 즐기긴커녕 더 싫어집니다. 피하는 것도 능력입니다. 내 능력도 안 되는데 굳이 맞서 싸울 이유는 없습니다. 피할 줄도 알아야 즐길 수도 있습니다. 높은 파도가 좋다고 해서 풍랑주의보일 때 바다에 들어가진 않습니다. 바다에 들어가 있을 때도 감당할 수 있는 파도는 보드를 타고 넘지만 크고 거친 파도가 올 때는 파도를 넘는 것이 아니라 바다 밑으로 들어가 파도를 피합니다. 큰 파도에 잘못 휩쓸리면 이른바 '통돌이'를 당해 목숨마저 위험한 상황이 될 수도 있다고 해요. 감정을 조금씩 마주하다 보면 내가 생각했던 것과는 다르게 감정의 뿌리가 깊고 큰 경우가 있어요.

저도 명상을 하면서, 나의 마음을 들여다보면서 생각지도 못한 슬픔을 마주하게 된 적이 있습니다. 처음엔 작은 옹달샘 정도의 슬픔인 줄 알았는데 다가갔다가는 빠져 죽을 것 같은 슬픔의 호수더라고요. 나름 밝고 즐거운 사람이라 생각하고 살았는데 그동안 외면하고 싶었던 슬픔들이 한데 다 모여 있는 것 같아서 놀랐습니다. 겁이 났습니다. 그 슬픔이 당장이라도 덮칠 것 같아서 한동아 명상에 집중하기도 힘들있어요. 하지만 이런 슬픔을 안고 살 수는 없을 것 같아서, 너 솔직히 말하면 당장 없애버리고 싶어서 억지로 명상을 해서 평안을 찾아야 한다고 스스로를 다그쳤었습니다. 사실 그건 명상이 아닌데 말이죠. 그때 조언을 구한 교수

님은 너무도 쿨하게 대답해 주셨습니다.

"도망가."

"네? 있는 그대로 계속 바라봐야 하는 것 아닌가요?"

"감당할 수 없는 것을 알아차리는 것도 마음챙김이란다."

네, 저는 알아차리고 있지 못했습니다. 마음을 챙기고 있는 것이 아니라 마음과 싸우고 있었습니다. 잘 피하는 것도 능력이라고, 감당할 만큼의 힘이 생겼을 때 조금씩 여유롭게 다가가 보라고, 한 번에 해결하지 않아도 된다고 조언을 덧붙여 주셨습니다. 그 이후로 아주 조금씩 그리고 조심스럽게 슬픔에 다가가 보았습니다. 감당할 수 있을 만큼 만요. 많이 울었습니다. 여전히 슬픔이 완전히 사라지진 않았습니다. 하지만 예전보다는 감정의 파도에 능숙한 서퍼가 되었습니다. 처음부터 완벽히 파도를 타는 서퍼가 될 순 없습니다. 나의 실력에 맞게 안전하게 연습해야 실력도 늘게 됩니다. 내가 감당할 수 있는 만큼의 파도를 읽는 것 그리고 잘 피하는 것도 능력입니다. 도망가도 괜찮아요.

지금까지 감정의 파도를 서핑에 비유해서 이야기했지만 감정뿐만이 아니라 우리의 삶 전체도 서핑과 다르지 않습니다. 호수처럼 파도가 없이 잔잔한 날도 있고, 거친 폭풍우가 몰아쳐 모든 것을 집어삼킬 것 같은 파도가 몰아치는 날도 있죠. 삶의 어떤 파도에도 편안하기 위해서, 그 파도 안에서 진정한 행복을 위해서 우리는 마음챙김을 합니다. 순간을 바라보고 알아차려야 하니까요. 파도를 잘 읽을 수 있다면 즐길 수 있을 테니까요. 완전히 똑같은 파도란 없습니다.《서핑 일러스트》의 저자 존 로비는 서퍼들이 파도에 열광하는 이유는 지금 놓친 파도는 다시 돌아오지 않기 때문이라고 말합니다. 나의 지금, 나의 하루, 나의 삶도 다시 돌아오지 않습니다. 지금을 놓치지 마세요. 삶의 파도를 즐겨보세요.

과거로 돌아가서 시작을 바꿀 수는 없다.

하지만, 지금 있는 현재에서 시작하여

미래의 결과는 바꿀 수는 있다.

- C.S. 루이스

코로나가 바꾼 삶은
어떤가요?

멈춤이 뒤처짐은 아닙니다

2020년은 한 단어로 정리할 수 있을 것 같습니다. 코로나입니다. 2020년을 시작하며 가졌던 설렘은 불안으로 바뀌었고 순식간에 일상은 무너졌습니다. 이제는 코로나 이전과 같은 삶으로는 영원히 돌아갈 수 없다는 우울한 보도마저 나왔습니다. 개학은 미뤄졌고 출퇴근 대신 재택근무로 대체되었으며 사람들이 밀집할 수 있는 모든 모임은 취소되었습니다. 공장도, 비행기도, 사람들의 걸음도 멈췄습니다. 항상 바쁘게 움직이던 이 세계가 일시에 멈춘 것 같은 느낌이 무섭지만 신기하기도 했습니다.

코로나 때문에 모든 것을 잃고만 있는 줄 알았는데 코로나 덕분에 멈추니 얻게 되는 것들도 있었습니다. 제일 먼저 하늘이 달라졌습니다. 인간 생산 활동의 중단은 배기가스와 오염물질의 배출을 줄어들게 했고 파란 하늘이 돌아왔습니다. 하늘뿐만이 아니라 물도 맑아졌다고 합니다. 물속의 여러 생명들도 다시 살 곳을 찾은 듯합니다. 사람 손을 타지 않아서인지 그 해 봄의 꽃들은 유난히도 풍성하고 아름다웠습니다. 인간이 이 지구를 얼마나 괴롭히고 있었던 걸까요. 미안한 마음이 듭니다. 지구도 이참에 조금 쉴 수 있길 기대해봅니다.

The Spiritual Salon의 창립자 크리스틴 일빅은 대부분 현대인은 아주 잠시라도 가만히 멈춰 서 있는 능력을 잃었다고 말했습니다. 뿌옇던 하늘이 파랗고 맑게 된 것처럼 우리도 우리의 원래 색을 찾고 맑아지기 위해서는 멈춤이 필요합니다. 멈추어 보면 흔들리던 것들이 또렷하게 보입니다. 아무리 집중해서 잘 보려고 해도 초점 나간 사진처럼 흔들려 보였던 건 내가 보고자 했던 것들이 흔들리고 있었던 것이 아니라 나 스스로가 흔들리고 있었던 걸지도 모릅니다.

한국인들에게 멈춤은 곧 뒤처짐이라고 느끼는 것 같아요. 그래서 멈춤을 더 두려워하죠. 특히 나만 멈추는 것 같은 느낌을 견디기 힘들어합니다. 경쟁 속에서 멈추는 것은 게임에서 지는 것이라고 세뇌된 것 같아요. 하지만 인생은 승패가 있는 게임이 아닙니다. 나의 인생, 나의 삶은 누리는 것이에요. 누리는 것은 마음껏 즐기고 맛보는 것입니다. 마음껏 즐기고 느끼려면 충분한 시간이 필요하겠죠. 잠시라도 멈추어야 하는 이유입니다.

뛰면서 밥을 먹고 있다고 생각해보세요. 자칫 잘못하다간 바닥으로 음식이 떨어져 못 먹게 되지는 않을까 불안한 마음은 가득하고 어떻게든 먹는다고 해도 입으로 들어가는지 코로 들어가는지 손에 든 음식이 무엇이든 제대로 느끼긴 어렵겠죠? 멈추면 됩니다. 충분히 즐기면 돼요. 맛있게 먹고 충분히 에너지를 얻으면 내가 어떤 길을 가야 하는지 어떻게 달려야 하는지 달리기도 더 수월해져요. 스스로 멈출 수 있었더라면 더욱 좋았겠지만 억지로라도 멈추게 된 이 시점이 어쩌면 우연으로 다가온 위기가 아닌 필연적인 기회라고 느껴집니다. 멈춰 보세요. 잠시라도 괜찮아요. 잠시만 멈추면 뿌옇던 나도 맑아질 거예요.

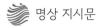

잠시 멈춤 마음챙김

편하지만 방해받지 않을 공간에서 시작하세요. 가장 먼저 나에게 멈출 수 있는 시간을 허락하세요. 이 시간만큼은 누구에게도 방해받지 않을 나만의 시간입니다. 그리고 이 시간을 마련한 스스로에게 감사와 사랑의 마음을 보냅니다.

세상 모든 것은 흘러갑니다.

나의 감정도, 생각도 흘러갑니다.

나는 이 자리에 있습니다.

가만히 숨 쉬고 있습니다.

나는 멈춰서, 세상의 모든 흘러가는 것들을 바라봅니다.

붙잡지 마세요.

놓아주세요.

그저 바라보세요.

나는 여기, 그저 숨 쉬며 가만히 있습니다.

나의 존재함을 느낍니다.

거리두기는 필수입니다

코로나 바이러스의 확산을 막기 위해 가장 중요시된 규칙은 사회적 거리두기입니다. 불필요한 모임들은 자제 되었고 사람과 사람 사이에 일정거리를 유지하도록 권고되었습니다. 누군가는 이 거리두기로 혼자 있는 외로움을 호소하기도 하고 누군가는 사회적 관계의 거리는 멀어졌지만 그로 인해 한집에서 가족 간의 갑작스럽게 늘어난 시간으로 힘들어하기도 합니다.

모든 관계에는 적당한 거리가 필요합니다. 가족, 친구, 연인, 사회생활에서 만나는 그 누군가와도 적당한 거리두기는 건강한 관계를 위한 첫 번째 할 일입니다. 관계를 우리말로 하면 '사이'입니다. 친구 사이, 연인 사이, 부부 사이. 그리고 '사이가 좋다.'라고 표현하죠. 여기에서 사이가 좋다는 말이 '너와 나의 사이', 즉 '너로부터 나에게 이르는 거리가 좋다(적당하다).'라고 해석할 수 있을 것 같습니다.

나무가 빼곡한 숲에서 하늘을 한 번 올려다보면 놀라운 광경을 보게 됩니다. 나뭇가지가 겹겹이 겹쳐 있는 것 같지만 서로의 거리를 유지한 채 절대 서로 닿고 있지 않거든요. 서로 가리지 않도록 거리를 지켜야 햇빛과 빗물을 골고루 받아 상생할 수 있는 그들의 규칙이라도 있는 것 같습니다. 가만히 있는 식물도 함께 살기 위해 사이가 필요한데 여러 활동을 하며 감정과 의견을 나누는 사람은 좋은 사이를 위해 더욱 거리두기가 필요합니다. 간혹 꼭 붙어있는 사이가 뜨거운 친밀감 혹은 사랑의 표현으로 느껴지는 경우도 있어요. 하지만 결국엔 이런 말을 내뱉고 맙니다.

"괜한 오지랖 떨지 마!"

"너 이거 선 넘었어!"

"넌 날 너무 숨 막히게 해! 이대로는 못 살겠어!"

적당한 거리가 필요합니다. 편히 숨쉬기 위해서 말이죠. 갑자기 숨이 턱 막히는 순간을 상상해 보세요. 다른 어떤 것도 눈에 들어오지 않을 겁니다. 당장 죽을 것 같은 이 숨 막힘을 벗어나고 싶다는 생각밖에는요. 객관적이고 이성적인 판단은 불가능해집니다. 관계 속에서도 숨 막힌다는 느낌이 들면 관계를 더 이상 건강하게 지속하기는 힘듭니다. 나의 마음을 제대로 표현하지도, 상대방의 마음을 제대로 알아듣지도 못합니다. 당장의 막힌 숨에서 벗어나고자 충동적으로 반응할 뿐입니다. 하지만 숨이 편안해지고 안정된다면 모든 것이 명료해집니다. 나와 상대에 대한 감정의 인식, 그리고 그 감정에 대한 반응도 건강해집니다. 관계 속에서도 거리가 필요하고, 거리를 찾기 위해선 나의 마음챙김이 필요합니다.

　타인과의 관계 속에 거리를 두지 못해 숨 막히거나 반복해서 불편한 문제들을 경험을 했다면, 나를 숨 막히게 하는 건 상대가 아니라 나 자신일지도 모릅니다. 내가 나와의 사이가 좋은지도 돌아봐야 합니다. 내가 나와의 사이가 좋지 않다면 겉으로 아무리 좋은척해도 결국엔 들통나고 맙니다. 사랑과 기침은 숨길 수가 없다고 하죠. 나 스스로에 대한 사랑 혹은 미움도 숨겨지지 않습니다. 내가 나를 숨 막히게 하고 있지는 않은지, 반대로 나를 너무 등한시하며 무시하고 있지는 않은지 나를 바라봐 주세요.

　요즘 예능의 대세는 관찰예능입니다. 다양한 대상들을 관찰하고 이야기를 나누죠. 관찰 대상인 된 사람들이 화면 속의 자신을 보며 공통적으로 하는 말이 있습니다.

　"와, 내가 저렇구나. 제가 저랬는지 전혀 몰랐어요."

　"이렇게 화면으로 보니까 이제야 알겠네요."

　거리를 두고 살펴보니 내가 한 말들과 행동이 보입니다. 이제야 내가 좀 이해되는 것 같습니다. 나와의 거리두기도 중요합니다. 특히 내가 나 때문에 힘들 때, 내가 나를 너무 숨 막히게 하는 것 같을 때, 나를 떼어놓고 바라보는 마음챙김이 필요합니다. 관찰예능에서처럼 나를 화면 속에 나오는 대상이라고 상상하면서 제3자의 시선으로 바라봅니다. TV프로그램에서처럼 여러 게스트들이 나와 참견이나 지적을 하려고 바라보는 것은 아니라는 것을 확실히 합니다. 마음챙김의 기본은 편견 없이 있는 그대로는 바라볼 뿐입니다. 친절하고 따뜻한 마음으로 나를 바라봐 주세요. 친절과 사랑의 마음 앞에서 내가 보입니다. 바라보면 이해가 되고, 이해가 되면 사랑하게 됩니다. 조금의 거리를 두고 나를 숨 쉬게 해주세요.

행복을 가꾸는 힘은

밖에서 우연히 얻을 수 있는 것이 아니다.

오직 그 마음에 새겨 둔 힘에서 꺼낼 수 있다.

- 페스탈로치

일곱 번째 숨

매일 같은 일상이
답답한가요?

일상이 지루해요

코로나 덕분에 얻게 된 것은 아무 일 없음에 대한 소중함입니다. 일상이란 날마다 반복되는 생활을 말합니다. 반복된다는 것은 익숙해진다는 것이고 늘 거기에 그냥 그렇게 있을 거라 생각하게 되죠. 소중함도 감사함도 덜해집니다.

하늘은 늘 파랬습니다. 하지만 그 파란 하늘을 회색빛이 덮어 버리고 난 후에야 파랬던 하늘을 그리워하고 소중해합니다. 우리의 일상도 그랬던 것 같습니다. 매일 반복되는 일상은 크게 특별할 일도 다를 것도 없었습니다. 아무 일 없음이 지루하고 답답한 일상이었다고 생각했었는데 지금의 답답함에 비하면 이전의 아무 일 없음은 그저 행복이었다는 사실처럼 말입니다.

마스크 없이도 돌아다닐 수 있고, 삼삼오오 모여 이야기 나누며 함께 밥을 먹고, 마음껏 거친 숨을 내쉬고 땀 흘리며 운동할 수 있었던 일상이 그토록 소중한 것이었는지 잃고 보니 알게 됩니다. "별일 없지?" 이 짧은 인사에 생각보다 많은 안부가 포함되어 있었으며 아무렇지 않게 "응, 별일 없어."라고 대답하는 일이 결코 쉬운 일이 아니었습니다.

우리 마음의 기본 상태는 아무 일 없음입니다. 고요한 상태죠. 우리 모두가 가지고 있습니다. 고요함은 평화롭고 행복합니다. 이런 평화로움과 행복함을 가지고 태어났습니다. 이것들은 자극적이지 않아요. 아주 은은합니다.

그런데 살아가면서 점점 고요한 행복함보다는 더 크고 자극적인 행복함을 원하게 되는 것 같아요. 그것이 성공이라고 포장되기도 하니까요. 그렇게 내가 본래 가지고 있던 행복함의 맛을 잊게됩니다. 아무 일 없던 날들을 지루해 했던 것처럼 마음의 기본 상태를 "밋밋해! 지루해!"라고 치부하며 뭔가 더 재밌는 것을 찾기 위해 일부러 우리의 마음을 흔들기도 합니다.

돌이켜보면 뭔가 흥미롭고 신나는 일들이 일어나야만 "그래! 이게 바로 인생이지!"라고 느꼈던 것 같습니다. 두근거리는 흥미를 쫓아 심장의 나댐을 느낄 때만 살아있다고 느끼기도 한 것 같습니다. 내 인생에 참맛보다는 자극적인 맛에 길들여져 MSG를 팍팍 뿌려대고 있지는 않았는지요. 결국엔 진짜 내 인생의 맛, 마음의 맛을 잃어버리게 된 것 같습니다.

잠깐의 흥분과 쾌락이 지나고 나면 너 공허해지듯이 인생의 롤러코스터에서 어지러움을 느껴 내리고 싶은 현대인들이 이제 다시금 고요함을 찾고자 하는 것 같습니다. 흔들리는 우리를 잡아줄 닻이 바로 이 고요함입니다. 명상이 우리 본연의 고요함으로 다가가게 합니다. 마음챙김은 고요함을 알아차리게 해주죠.

　우리는 자극으로 둘러싸인 하루하루를 살아가고 있습니다. 고요할 틈이 없습니다. 스마트폰이 큰 몫을 했습니다. 스마트폰이라는 이름 대신 논스톱 밀착 자극 장치라고 해도 무방합니다. 한시도 쉴 틈을 주지 않습니다. 스마트폰을 보면서 쉬고 있다는 말은 성립되지 않습니다. 스마트폰을 보고 있는 한 뇌는 끊임없이 자극받고 있거든요. 스마트폰이 주는 자극은 우리의 예상보다 더 강력합니다. 우리의 단순하고 평범한 일상생활에 흥미를 잃게 만드니까요. 강렬하고 자극적인 것에만 반응하는 뇌로 변하게 됩니다. 지루함을 벗어나고자 스마트폰을 꺼내들었지만 오히려 일상은 점점 더 지루해져만 갑니다.

　지루함이 필요합니다. 제가 처음 명상에 대해 거부감을 가졌던 이유는 지루할 것 같아서입니다. 저도 지루한 건 싫거든요. 그런데 지금은 의도적으로 지루해지려고 합니다. 내 안의 고요함의 샘으로 찾아갑니다. 아무 일 없어도 좋습니다. 별일 없는 게 어찌나 감사한지요. 밖에서만 찾으려고 했던 행복과 평화가 나에게 이미 장착되어 있었다는 사실을 느끼게 된 것도 좋습니다. 더 이상 밖을 방황할 필요 없이 나에게로 돌아오기만 하면 되니까요.

　잠시 스마트폰을 내려놓고 가만히 있어보세요. 나의 숨을 느껴보고, 나의 감각을 느껴보세요. 고요해지는 나를 느껴보세요. 물론 처음엔 힘들 거라는 걸 압니다. 실패해도 좋아요. 다시 또 시작하면 되니까요. 일상을 잃고 나서야 후회하는 것처럼 스마트폰을 보느라 내 인생의 순간들을 놓치고 후회하지 말았으면 해요.

여기에 주의할 점이 있습니다. 누구나 쉽게 겪는 실수이기도 합니다. 고요함을 경험하는 것이 내가 만들어 내야 하는 상태, 혹은 달성해야 하는 목표라고 생각하지는 마세요. 만들지 않아도, 달성하지 않아도 됩니다. 다시 말하지만 우리 모두는 마음속 고요함의 샘을 가지고 태어났거든요. 기본 값입니다. 억지로 고요함을 만들어낼 수도 없거니와 그런 시도를 하는 자체가 오히려 더 나를 시끄럽게 만듭니다. 단번에 고요해지지 않는다고 나를 탓하거나 고요함을 만날 때까지 억지로 몰아붙이는 것은 명상도, 마음챙김도 아닌 승자 없는 싸움일 뿐입니다. 그저 나에게 아무 일 없음을 허락하세요. 지금 마음이 어지럽고 생각이 많다면 반응하지 말고 그것을 지켜보는 것부터 시작하세요. '이런 생각이 있구나.' '이런 마음이 있구나.' 알아차리기만 하면 됩니다. 알아차리고 가만히 나를 바라보면 결국엔 나의 고요함을 만나게 됩니다. 그리고 아무 일 없는 마음의 본연의 맛을 다시 느끼면 알게 될 겁니다. 아주 평온하고 은은하지만 절대 질리지 않는, 다른 맛을 맛보더라도 다시 돌아오고 싶은 행복의 맛이라는걸요. 아무 일 없이 평온했던 일상 처럼요.

　코로나 바이러스 자체는 없애야만 하는 해악을 끼치는 존재이 지만 코로나 바이러스의 영향으로 얻게 되는 것들도 있다니 세상 의 모든 것은 양면을 가지고 있음을 새삼 느낍니다. 기본이라고 생각하는 것들을 잘 지키지 않을 때, 당연해진 것들에게 감사하지 못할 때 내리는 벌처럼 위기 상황은 찾아옵니다. 별일 있는 일상 도, 아무 일 없는 일상도 모두 다 소중한 우리의 하루입니다. 우리 가 할 수 있는 것은 오늘의 하루에 최선을 하다는 것뿐입니다. 오 늘 하루를 챙기세요.

공간이 필요합니다

미니멀라이프가 유행입니다. 필요한 것만 가지고 단출하게 사는 삶. 네, 좋은 삶입니다. 한 번쯤은 꿈꿔보기도 하고 결심해보기도 합니다만 나의 삶은 아니구나 싶습니다. 먹고 싶은 것도 갖고 싶은 것도 많은 저는 맥시멀 리스트에 가깝습니다. 어떻게 필요한 것만 사나요? 갖고 싶으면 사는 거죠.

신발장은 꽉 찬 지 오래라 신발장 밖으로 쌓아놓은 신발 박스들이 현관 입구를 반은 차지했습니다. 물론 신발뿐만은 아니겠죠. 옷, 가방도 많습니다. 화장품도 한가득입니다. 실용성이라고는 1도 없지만 "이건 귀여우니까 사야 해!" "다음에 오면 없을 거야! 사야 해!" "한정판이니까 사야 해!" 등등 각종 자기합리화로 소비한 물건들이 많습니다.

소비요정임을 인정합니다. 살 때는 그렇게도 기뻤는데 정작 그 기쁨이 오래간 물건은 그리 많지 않습니다. 작지 않은 공간에 살고 있으면서도 집이 좁단 말을 입에 달고 삽니다. 어느 날 문득 깨달았습니다.

'내 집에 물건이 있는 게 아니라 물건 집에 내가 얹혀살고 있

구나.'

내가 사는 이 집에서 정작 내가 사용하는 공간은 얼마 되지 않았습니다. 집 전체 중, 화장실 조금, 주방 싱크대 앞 조금, 침대는 잘 때 몇 시간만, 책상도 전체 면적이 아닌 노트북의 자리만큼만, 한국인이라면 매일 쭈그리고 앉는 소파 앞 조금 정도만 사용하고 있는 것 같습니다. 나머지는 물건들의 차지입니다. 만약 차지한 공간의 크기로 집주인을 정한다면 이 집의 주인은 제가 아니라 물건들이 될 겁니다.

이대로는 안 되겠다 싶어 큰맘 먹고 한 번씩 정리를 합니다. 특히 옷장 정리는 숙원사업 중에 하나입니다. 옷장이 옷을 토하고 있지만 여전히 입을 옷은 없고 새로 산 옷들은 자리를 잡지 못해 이리저리 옮겨 다니며 쌓여있습니다. '여기 어디 있었던 것 같은데?' 하며 매번 옷더미를 뒤지느라 시간을 보내기도 합니다. 그러다 문득 '내가 왜 이러고 살지? 내가 다시는 옷을 사나봐라!'라고 다짐하지만 스쳐 지나가는 결심일 뿐이죠.

아무튼 옷장 정리에는 정말 큰 결심이 필요합니다. 가장 시급해 보이는 옷 더미부터 정리를 시작합니다. 그나마 가장 최근에 입던 옷들이라 잘 개어놓기만 하면 되네요. 지난 계절에 입던 옷들은 잘 정리해 상자에 넣고 작년 이 계절에 입었던 옷을 꺼냅니다. 몇 해 동안 꺼내고 넣고를 반복하면서도 손이 잘 가지 않던 옷은 과감히 버리는 상자로 넣었습니다.

그리고 언제부터인지 열어보지도 않았던 옷상자를 열어봅니다. 내심 보물찾기를 기대했지만 '이 옷이 여기에 있었네!'라며 반갑게 맞이하는 옷은 몇 개 없습니다. 지난날의 방황과 혼란의 세월들이 고스란히 있네요. '무슨 생각으로 이런 옷을 샀을까? 이런 옷을 입고 다녔다니 내가 미쳤었구나. 그때도 매일 다이어트를 입에 달고 살았는데 이렇게 작은 옷이 맞았다니 그땐 날씬했나 봐!' 웃음과 한숨이 번갈아 나옵니다.

대부분이 옷들은 이미 버렸어야 했습니다. '언젠간 입겠지, 유행이 다시 돌아올 거야, 살 빼서 입을 거야.' 등등 각종 핑계와 추억을 버무려 묵혀두었습니다. 구겨지다 못해 처박혀 먼지와 뒤섞인 옷들까지 발견됩니다. 미련인지 집착인지 모를 쌓아두기만 했던 옷가지들을 전부 처분했습니다. 옷장, 서랍, 상자 곳곳에 빈자리가 생겼습니다.

이제 좀 숨을 쉴 것 같네요. 옷장뿐만이 아니라 마음에도 공간이 생긴 기분입니다. 상의대로, 하의대로, 길이별로, 색깔별로 차분히 정리했습니다. 쌓여있던 옷들을 나 성리해 넣었는데도 옷장과 서랍이 널찍합니다. 옷들끼리 겹쳐져 더 넣을 수도, 빼내기도 힘들었는데 이젠 옷들도 좀 숨을 쉴 것 같습니다. 옷들이 옷장과 서랍으로 들어가니 방도 제법 넓어졌습니다.

그동안 옷방만 들어오면 답답한 게 짜증이 났지만 엄두가 나지 않아 그냥 그러려니 체념 반, 무시 반이었는데 이제는 옷방이 두렵지 않습니다. 옷을 골라 입을 맛이 납니다. 어디에 무슨 옷이 있는지 찾기도 쉽고 꺼내기도 쉽거든요. 물론 이 상태가 오래 지속될 거라는 보장은 못 합니다. 자꾸 또 사고 싶은 마음이 들거든요. 그럼에도 지금의 상태를 유지하고 싶은 마음입니다. 한 번 정리된 모습을 보니 어지럽히지 말아야겠다 싶거든요.

옷방, 옷장을 머릿속 혹은 마음속으로 바꿔볼까요? 옷은 생각으로 바꾸고요. 옷장 정리를 하는 내내 옷장과 머릿속이 비슷하다는 생각을 했습니다. 공통점 하나. 쌓아둔다는 것, 붙잡아 둔다는 것. 다신 입지 않을, 못 입을 옷이지만 추억과 핑계로 쌓아둔 옷처럼 해결되지 않을, 해결할 수도 없는 생각들, 불안한 감정과 걱정들을 우린 계속 붙잡고 있죠. 공통점 둘. 쌓여있다고 쓸모 있는 것은 아니라는 것. 옷장은 터져 나가지만 정작 입을 옷이 없는 것처럼 머릿속은 생각으로 꽉 차 있지만 생산적이고 창의적으로 나에게 필요한 생각은 별로 없는 것 같습니다. 공통점 셋. 최상의 선택을 위해서는 공간이 필요하다는 것. 어떤 옷이 어디 있는지 잘 찾으려면 그리고 다른 옷이 쏟아지지 않게 잘 꺼내려면 어느 정도 공간이 필요합니다. 무엇보다도 옷이 상하지 않기 위해서도 옷이 숨을 쉴 수 있는 공간이 필요합니다. 생각도 그러합니다. 시시각 각 변하는 생각에 제대로 반응하기 위해서는 공간이 필요합니다. 생각끼리 똘똘 뭉쳐 풀리지 않는 실 뭉텅이가 되지 않도록 하기 위해서도 공간이 필요하죠.

옷장에 쌓여진 옷을 찾으면서 있었던 일이 생각나네요. 찾고 싶은 티셔츠가 있었는데 찾는 데만도 한참 걸렸습니다. 이미 짜 증은 시작되고 있었습니다. 물론 알아채지 못했지만요. 그리고 그 티셔츠 한 장을 꺼내려다 우르르 옷이 쏟아져 내렸습니다. 뻗치는 짜증을 주체할 수 없어 "이 옷들 다 갖다 버리고 말지!"라며 옷을 집어던지듯 화풀이를 하며 한동안 씩씩댔습니다. 옷장에 공간이 없었기 때문에 옷이 쏟아져 내렸습니다. 짜증을 낸다고 해결될 일 도 아니었고, 그리 크게 화를 터트릴 일도 아니었지만 감정을 다 스릴 틈도 없이 이미 짜증은 폭발해버렸습니다. 공간이 없었기 때 문이에요. 나의 감정과 반응 사이에 공간이 없었습니다.

죽음의 수용소에서의 작가이자 로고테라피의 창시자 빅터 프 랭클의 명언 중 가장 많이 인용되는 말이 있습니다. '자극과 반응 사이에는 공간이 있다. 그 공간에서의 선택이 우리 삶의 질을 결 정짓는다.' 뜨거운 물에 손이 닿았을 때 바로 손을 빼거나, 입에 음식이 들어가면 침이 나오는 것과 같은 의식과 상관없는 신체적 반응의 무조건 반사 말고는 대부분의 우리의 의식적인 반응들은 우리가 선택할 수 있습니다.

반응을 선택할 수 있음에 놀라셨나요? 왜 우리는 반응을 선택할 수 있다고 생각하지 못했을까요? 바로 공간이 없었기 때문입니다. 감정과 반응 사이의 공간 말이죠. 공간을 찾기만 한다면 선택은 쉽게 되겠지요. 하지만 그동안 한 번도 우리가 공간이 있다고 느끼지 못했던 건 그만큼 나의 생각과 감정을 알아차리고 선택하여 반응했다기보다 기존의 경험을 바탕으로 한 무의식적인 반응에 가까웠기 때문입니다. '다음엔 그러지 말아야지.' 다짐하고도 똑같이 반응하고 '난 구제불능인가 봐.'라고 자책의 구렁텅이로 빠지는 악순환의 고리를 반복하기도 합니다.

공간이 없으면 이 구렁텅이에도 쉽게 빠집니다. 부정적이고 불쾌한 감정들이 다닥다닥 붙어서 세력을 쉽게 넓혀가거든요. 옷정리를 하다 보니 계속 보관하고 싶었던 옷이었지만 옷 자체가 상해버려서 버려야만 했던 옷도 꽤 많았습니다. 하나의 옷이 상하기 시작하니 주변의 옷들이 망가진 경우도 많았습니다.

공간이 없으니 공기가 제대로 통하지 않고, 옷벌레나 곰팡이들이 쉽게 번질 수 있었던 거죠. 우리 머릿속과 마음속도 별반 다르지 않아요. 불쾌한 생각이나 감정들은 더 쉽게 저장됩니다. 생존을 위해서 위험을 빠르게 감지해야 했던 인간의 진화론적 산물이 아직도 남아있는 것이죠.

부정적인 자극과 정보들, 실패한 경험들, 우울, 불안, 분노 같은 부정적 경험은 우리가 굳이 노력하지 않아도 더 쉽고 빠르게 우리에게 남습니다. 이를 뇌의 부정적 편향성이라고 합니다. 쉽게 저장되는 만큼 쉽게 떠오르기도 합니다. 그래서 더 생각하게 되고 곱씹게 됩니다. 부정적인 생각과 감정에게 자꾸 내 공간을 내어줍니다. 자꾸만 번져가는 겁니다.

그래서 공간이 필요합니다. 전염을 막기 위한 가장 기본적인 수칙 '거리두기' 다들 아시죠? 공간을 알아차리게 되면 거리를 두고 지켜볼 수 있게 됩니다. 그리고 알아차릴 수 있게 됩니다. 알아차리면 더 이상 같은 반응으로 악순환을 반복하지 않게 됩니다. 작은 실수였을 뿐인데 '나는 맨날 이래.' '나는 틀려먹었어.' '이번 생은 망했어.'로 순식간에 이어지는 구렁텅이에 빠지는 일을 없을 겁니다.

옷을 정리하고 나니 옷과 옷 사이사이의 공간이 생겼습니다. 넣기도 꺼내기도 편해졌습니다. 옷도 숨을 쉬어야 오래 잘 입을 수 있다는데 옷이 건강해진 느낌입니다. 새로운 옷을 사더라도 쌓아놓지 않고 잘 정리할 공간도 생겼습니다. 우리 머릿속에도 늘 공간이 있었습니다. 하지만 생각과 감정에 달라붙어 버린 반응 때문에 공간이 있는 줄도 몰랐죠.

하지만 마음챙김을 하다 보면 반응하지 않고 조금만 바라보면 알 수 있게 됩니다. 내가 반응을 선택할 수 있는 공간이 있다는 것을요. 수많은 생각이 떠오르더라도 그 생각을 생각으로만 바라볼 수 있는 여유도 생깁니다. 굳이 필요하지 않은 생각은 놓아줄 수도 있습니다. 물론 더 창의적이고 생산적이며 건강한 생각이 떠오를 수도 있습니다.

그리고 그 생각을 알아챌 수 있겠죠. 아무리 좋은 생각이 떠올라도 알아채지 못하면 나를 괴롭히는 잡생각과 다름이 없으니까요. 유레카의 순간입니다. 아르키메데스는 왕으로부터 엄청난 압박을 받고 있는 상태였습니다. 왕의 왕관이 순금인지 아닌지 밝혀내지 못하면 죽을 목숨이었으니까요. 몇 날 며칠 하루 종일 고민했지만 결국 해답을 알 길이 없었죠. 자포자기의 심정으로 목욕이나 하자고 들어간 욕조 안에서 해답을 찾습니다.

휴식을 하던 중에 결정적인 생각이 떠오른 것은 우연은 아닐 겁니다. 머릿속에 공간이 생겼기 때문이죠. 실제로 마음챙김 명상은 창의력을 높여준다는 연구결과도 있습니다. 생각을 쉴 수 있다는 것, 그리고 알아챌 수 있다는 것. 마음챙김 명상, 더 나은 답을 위해 하지 않을 이유가 없습니다.

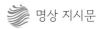

감정과 반응사이의 공간 찾기

누구나 가지고 있는 습관적인 반응들이 있습니다. 다음엔 안 그래야지 하면서도 매번 같은 반응으로 후회하곤 했던 고질적인 문제들을 마주할 때 공간을 찾는 연습을 해보세요. 이때의 고질적인 문제들은 충격적이거나 트라우마를 동반하는 크고 무거운 문제가 아닌 지금 현재 충분히 감당할 수 있는 작은 문제들로부터 시작하세요. 아주 작고 사소한 문제들도 좋습니다. 작은 것부터 시작하세요.

내 말을 한 번에 알아듣지 못하는 상대방에 대한 짜증, 눈앞에서 버스나 지하철을 놓쳤을 때의 화남, 컴퓨터나 프린터기의 오류가 날 때의 조급함, 메시지에 바로 답을 하지 않음에 대한 초조함 등 작은 문제지만 충동적인 반응으로 후회스러운 말들을 쏟아 내거나 감징의 구렁텅이로 떨어지는 순간들이 찾아온다면 연습의 기회로 활용해보세요.

나의 작은 고질적인 문제에 대해서 미리 떠올려둔다면 같은 문제가 반복될 때 나의 반응을 인식할 수 있습니다.

나의 충동적이고, 습관적인 반응을 인식했다면 일단 멈추세요.

천천히 몇 번의 호흡을 하세요. 이 호흡이 나의 감정과 반응 사이의 공간을 찾는 열쇠가 되어 줄 겁니다.

호흡과 함께 나에게서 느껴지고 있는 것들을 있는 그대로 느껴보세요.

감정을 붙잡기 보다는 나의 몸에서 느껴지고 있는 감각들에 집중해보세요.

가장 강하게 느껴지는 신체 부위를 찾아보세요. 그 어떠한 것이라도 나에게서 느껴지는 감각들을 다정하고 따뜻하게 대해주세요.

나의 감정과 감각들을 다정하게 허락하세요. 내가 경험하고 있는 것들에 다정하고 따뜻하게 관심을 가져주세요. 내가 원하는 것은 무엇인가요? 내가 어떻게 해줘야 할까요? 지혜롭고 따뜻한 조언을 스스로에게 건네 보세요.

나의 작은 문제들에 대해 여러 번 연습하다보면 충동적이고 습관적인 반응에서 벗어나 현명하고 따뜻하게 반응하는 나를 조금씩 발견할 수 있을 거예요.

걷기는 그 어떤 감각도 소홀히 하지 않는

온몸의 경험이다.

- 다비드 드 브르통

우울함이
몰려오는 날은
어떻게 할까요?

우울한 날 위로가 필요해요

집으로 가는 길 지하철 출구를 나오면 작은 컨테이너에서 꽃을 파는 할아버지가 있습니다. 하얀 수염을 길게 기르고 생활한복을 입고 계신 주인 할아버지는 마치 도인 같습니다. 고급스럽고 감각적인 포장을 한 꽃다발은 없지만 비교적 저렴한 가격에 신문지로 무심하게 툭 감아주는 꽃 한 다발을 즐길 수 있습니다.

여느 날과 다름없는 퇴근길이었습니다. 특별한 사건 사고가 있던 날은 아니었지만 지친 하루이긴 했습니다. 국화가 나올 시기라 꽃방 앞에는 국화 다발이 들어있는 통이 가득했습니다. 은은한 국화향이 발목을 잡더군요. 국화 한 다발을 사고 계산을 기다리고 있는데 도인 같은 꽃방 할아버지가 저를 쓱 보더니 한마디 하셨습니다.

"우울할 땐 국화에 코를 확 처박고 있어. 그러면 기분이 좋아져."

투박한 말투에 흠칫 놀라 "아… 예." 짧게 대답했습니다. 집에 도착해서 화병에 국화를 꽂고 꽃집 할아버지의 말처럼 국화에 코를 확 처박고 한참 향기를 맡았습니다. 인공적인 향으로는 절대 흉내 낼 수 없는 은은하고 향긋한 향. 그동안 머릿속으로만 생각하던 국화 향과는 다른 느낌이었습니다. 아주 살짝 달큰한 향 가운데 풀향 같은 풋풋함이 있습니다. 그리고 끝에 그윽한 향기가 돕니다.

국화는 익숙한 꽃이기에 한 번도 자세히 보려고 하지 않았습니다. 자세히 들여다본 국화는 놀라웠습니다. 단단하게 뭉쳐진 꽃의 중심은 하나의 알알이 퍼즐을 맞춰놓듯 틈 없이 서로를 마주하고 있습니다. 그 주위로 보드라운 꽃잎들이 겹겹이 펼쳐집니다. 작은 꽃잎 한 장을 조심스레 만져봅니다. 촉촉한 생기를 가지고 있으면서도 살짝 파우더를 바른 듯한 보송함이 느껴집니다.

꽃잎의 부드러움에 손끝에 온 감각을 집중해 봅니다. 그동안 만져보았던 수많은 감촉들을 떠올려보지만 비슷한 느낌을 쉽게 찾을 수가 없네요. 5cm도 안 되는 작은 꽃 안에 서른 장이 넘는 꽃잎이 둘러져 있습니다. 심지어 이 꽃잎들은 앞 꽃잎에 자기 얼굴이 가리지 않도록 한 장도 겹치지 않고 모두 자신의 얼굴을 드러내고 있습니다.

마지막으로 정점을 찍는 것은 색깔입니다. 꽃의 중앙의 밤색에서 연두색을 거쳐 꽃잎의 샛노랗게 번져 나오는 색의 변화는 국화로 빨려 들어갈 것 같은 느낌을 줍니다. 한참을 국화와 함께 했습니다. 국화와 함께한 시간 동안 다른 생각은 들지 않았습니다. 국화가 내뿜은 아름다움을 최대한 모든 감각으로 느끼고 있었습니다. 지친 하루의 일과도 내일의 걱정도 없이 꽃을 즐기는 그 시간뿐이었습니다. 길지 않은 시간이었지만 충전되는 기분이었습니다.

　꽃은 아름답습니다. 그 아름다움과 향기로 우리의 눈과 코를 붙잡습니다. 나를 현재에 머물게 합니다. 과거와 미래를 떠돌던 내 생각들을 현재의 아름다움에 집중할 수 있게 합니다. 눈과 코와 손으로 느껴지는 감각들에 집중하게 합니다. 어쩌면 명상의 시작이 꽃의 아름다움에 취해 꽃을 바라보는 동안 아무 생각도 없어지는 것이었을지도 모른다고 합니다.
　에크하르트 톨레의 《삶으로 다시 떠오르기》에서 꽃은 인간 생존과 연결된 것이 아니고 현실적인 목적에 관계없이 인간이 가치를 인정한 최초의 사물이라고 말하며 예수도 우리에게 꽃을 보며 명상하고 꽃으로부터 삶을 살아가는 법을 배우라 언급했다고 전해집니다. 또한 꽃을 보는 찰나의 순간일지라도 인간은 꽃에서 아름다움을 발견함으로써 자신 존재, 인간 본질의 아름다움을 깨닫게 되었으며 꽃을 식물의 깨달음이라고 표현했습니다. 꽃의 아름다움을 느끼는 동안 내가 가지고 있던 내면의 아름다움도 함께 피어나는 느낌입니다.

누구나 내면의 아름다움을 가지고 태어나지만 삶에 지쳐 나의 아름다움을 느낄 틈조차 없죠. 그러다 꽃을 만나면 문득 다시 본래의 아름다움이 떠오르는 것 같습니다. 그리고 현재를 살지 못하고 끊임없이 과거와 미래를 왔다 갔다 하던 나를 현재에 닻을 내리게 합니다. 내가 살 수 있는, 내가 느낄 수 있는 시간은 오직 현재뿐인데 그게 그렇게 잘 안됩니다. 그런데 그 어려운 것을 가냘픈 꽃 한 송이가 해냅니다.

꽃은 바람에 흔들릴지언정 그 꽃을 보는 우리는 과거와 미래에 사이에서 흔들리지 않게 현재에 잡아주다니 그것이 가진 힘이 새삼스럽습니다. 꽃이 우리에게 깨달음을 주는 것은 그것이 가진 아름다움뿐만이 아니라 꽃이 피기까지의 세월과 과정을 우리는 알기 때문일 겁니다. 도종환의 시 〈흔들리며 피는 꽃〉이 떠오릅니다. 우리의 사랑과 삶도 그와 같다고 했습니다. 꽃은 우리가 흔들려도 비 맞아도 괜찮다고 말해주는 위로 같습니다. 우리 모두가 꽃이라고 말해주는 것 같기도 합니다.

주변에 꽃이 있다면 한 번 자세히 들여다봐 주세요. 꼭 예쁘고 유명한 꽃이 아니어도 좋습니다. 길가에 핀 이름 모를 풀꽃이라도 좋아요. 그것이 가진 그만의 아름다움을 세세하게 느껴보세요. 내가 존재하고 있는 나의 내면의 아름다움도 느낄 수 있게 될 겁니다. 그리고 현재를 느낄 수 있게 될 겁니다.

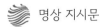

꽃과 함께하는 마음챙김

꽃집에 들러 좋아하는 꽃을 사도 좋고, 집에서 기르고 있는 화초도 좋습니다. 길가에 핀 풀꽃, 옆집 담벼락에 핀 꽃이나 풀도 좋습니다.

오직 꽃과 나만을 위한 시간을 허락하세요. 누구에게도 방해받지 않을 시간입니다. 알고 있는 꽃이라도 이 지구에서 처음 본 생명체라는 마음으로 찬찬히 살펴보세요.

먼저 바라보세요. 아주 세세하고 사랑스럽게 살펴봐주세요. 어떤 색인지 분석하지 마세요. 그거 보이는 색감 그대로 느끼면 됩니다.

그리고 코로 느껴봐 주세요. 어떤 향기가 있는지, 없는지, 향기가 있다면 어떤 향기인지 세세하게 느껴보세요.

분석을 하는 것이 아닙니다. 비교를 하는 것도 아닙니다. 느껴지는 있는 그대로 느끼기만 하면 됩니다.

이제 손으로 한번 만져보세요. 꽃잎 한 장 한 장, 줄기, 잎사귀 세세하고 사랑스럽지만 조심스럽게 만지면서 손끝으로 느껴지는 감각에 집중해보세요.

분석하거나 판단할 필요는 없습니다. 손끝으로 느껴지는 감각만 있는 그대로 알아차리면 됩니다.

이제 이 꽃을 보면서 일어나고 사라지는 나의 마음을 지켜봅니다.

좋고 나쁨도 없고, 정답도 없습니다.

나의 마음에서 일어나는 모든 것들을 알아차리면 됩니다.

내가 살아있고, 살아있기에 느낄 수 있는 이 감각들을 충분히 음미합니다.

마지막으로 이 꽃에 대한 소중함과 감사함을 느껴보세요.
세상의 모든 존재는 생명의 위대함과 살아있음에 대한 감
사함을 가지고 있습니다. 그리고 그 존재와 감사를 느끼고
있는 스스로에게도 사랑과 감사를 보내세요.

몸을 먼저 움직여봅시다

두 발을 모으고 서 있는 상태에서 정수리 위에 끈이 매달려 있는 것처럼 뒷목은 길게 위로 끌어올리고 어깨, 겨드랑이 밑, 날개뼈 광배근은 끌어내립니다. 윗가슴은 펴면서 쇄골이 양옆으로 일자가 된다고 생각하면서 늘리고 갈비뼈는 모아줍니다. 배꼽은 명치위로 끌어올리는 느낌으로 아랫배를 끌어올리면서 배꼽을 척추뼈에 붙인다는 느낌으로 아랫배를 납작하게 힘을 줍니다. 엉덩이가 뒤로 빠지지 않게 꼬리뼈를 앞으로 말고 엉덩이가 모이도록 힘을 주면서 허벅지 근육은 계속해서 바깥쪽으로 힘을 써 다리 사이에 빈틈이 없이 붙이고 무릎 근육은 끌어올립니다. 이 모든 동작을 한 번에 짠! 해야 합니다. 이게 기본 준비 자세입니다.

지금 앉아 있다면 일어나서 제가 설명한 대로 앞의 동작을 한 번 따라 해보세요. 모든 동작을 따라 해 자세를 만들었다면 (자세를 완벽히 만드는 것 자체도 힘들지만) 단 1분을 유지하기도 힘들 겁니다. 따라 하지 않더라도 동작 내용을 따라 읽으면서 '이게 한 번에 가능하다고?'라고 생각할지도 모르겠네요.

이 동작은 발레의 가장 기본 동작인 '풀업pull up'이라고 합니다. 발레리나들의 곧은 자세와 우아함은 바로 이 풀업에서 나오기 때문에 발레의 모든 동작들의 시작이며 가장 중요하게 여기는 동작입니다. 인생에 춤이라곤 없는 줄 알았는데 어쩌다 보니 발레의 매력에 빠져 있는 왕초보 발레 신생아입니다. 평소 구부정한 자세 때문인지 어깨와 등에 통증을 달고 살았습니다.

이렇게는 살 수 없다며 치료든 운동이든 해야겠다고 마음먹고 있던 찰나에 오랜만에 만난 친구의 꼿꼿해진 자세를 보게 되었죠. 비결을 물으니 발레를 한다더군요. 워낙 발레리나의 가녀린 몸과 꼿꼿한 자세에 대한 로망이 있었기 때문에 그 길로 발레를 등록했습니다. 춤은 고사하고 율동에도 소질이 없는 1인으로써 긴장감이 가득한 인생 첫 발레 시간을 맞이했습니다.

처음은 발레를 배운다기보다는 스트레칭을 배운다는 표현이 더 가까웠습니다. 이번 생에 나에게는 유연함은 없다고 생각할 정도로 뻣뻣한 몸이기에 앞으로 굽히든 옆으로 굽히든 납작해진 다른 사람들에 비해 저는 우뚝 솟은 산 같았습니다. 그리고 처음으로 배운 풀업. 어깨를 신경 쓰면 배가 나오고, 배를 신경 쓰면 엉덩이가 빠지고 고장난 인형도 아닌 것이 몸의 각 부분마다 생명이 있는 것 마냥 자기주장들을 내세웁니다.

내 마음대로 움직일 수 있는 유일한 것이 내 몸이라고 생각했는데 내 몸을 내 마음대로 움직이는 게 세상 제일 어려운 일이었습니다. 머리가 나쁜 건지 몸이 나쁜 건지 스스로에 대한 자괴감마저 들었습니다. 첫 발레 수업은 몸과 마음이 모두 너덜너덜해진 시간이었습니다. 안 쓰던 근육들은 통증으로 응답했고 '내가 발레를 하는 게 맞을까?' '내 몸은 뭐가 문제일까?'라는 의문들로 머릿속이 복잡했죠.

저의 발레 실력은 굉장히 더디게 향상되었습니다. 첫 한 달의 수업은 동작을 따라가기 바빴고, 수업 후에는 근육통으로 오히려 몸이 더 안 좋아지는 것 같은 느낌을 받기도 했습니다. 그럼에도 불구하고 발레를 포기하지 않을 수 있었던 것은 발레를 통해 내 몸에 대한 새로운 알아차림을 할 수 있었기 때문입니다.

발레를 배우며 스트레칭을 할 때도, 풀업을 하며 동작을 할 때도 가장 힘든 것은 숨쉬기였어요. 평소 신경 쓰지 않아도 자연스럽게 되는 호흡인데도 동작을 하면서는 나도 모르게 '흡!'하고 숨을 참고 있다거나, 숨 쉬는 타이밍을 제대로 잡지 못해 동작이 흐트러지기 일쑤였어요. 선생님께 가장 많이 들은 말이 "숨 쉬세요. 숨!"일 거예요.

숨쉬기는 언제 어디서든 중요한 일임을 다시 한번 느낍니다. 여타 다른 운동도 마찬가지죠. 들숨 날숨과 힘점이 잘못 만나면 큰 부상을 입게 되기도 합니다. 그만큼 호흡은 신체운동의 기본

이자 중요 포인트입니다. 그리고 호흡은 생각보다 힘이 셌습니다. 제 몸을 흔들 정도로요. 누가 옆에서 내게 후! 하고 입김을 한 번 분다고 해서 몸이 휘청거리지는 않을 겁니다. 대형급의 태풍으로 인한 강풍 경보쯤 되어야 몸을 가눌 수 없게 바람에 흔들리겠죠. 하지만 내 몸은 내 숨에 흔들립니다. 바로 서서 눈을 감고 가만히 호흡하다 보면 내 숨에 내 몸이 미세하게 흔들리고 있다는 것을 느낄 수 있습니다.

두 발로 서 있음에도 호흡에 반응하는 몸인데 한 발을 들고 서 있는 발레 동작이라도 하는 날에 한 번의 호흡에도 마치 갈대처럼 휘청이는 나를 보게 됩니다. 무거운 무게를 드는 운동을 할 때 호흡을 고르는 일이 얼마나 중요한지도 그 이유를 알 만합니다. 굳건한 것 같은 내 몸이 고작 한 호흡에 흔들리는 걸 보면서 내 몸에 대한 섬세함을 깨닫습니다. 호흡이 내 몸 전체를 타고 흐르고 있음을 알게 됩니다.

그리고 호흡의 파도를 타는 서퍼의 마음으로 나의 호흡의 파도를 유심히 느낍니다. 서퍼는 파도를 이기려하지 않습니다. 자연스럽게 파도에 몸을 실을 뿐이죠. 운동을 할 때도 마찬가지입니다. 나의 호흡을 관찰하고 이 호흡에 나의 몸을 맡겨 움직입니다. 나에 몸에 대한 가장 기본적인 알아차림이자 나의 몸과 함께하는 마음챙김입니다.

정신과 의사인 문요한 선생은 이러한 몸에 대한 알아차림을 몸챙김, 바디풀니스bodyfulness라고 말하며 '순간순간 따뜻한 주의를 몸에 기울이는 것'이라고 정의했습니다. 문요한 선생은 몸의 감각에 집중하며 삶의 감각을 회복했다고 말합니다.

지금까지 했던 다른 어떤 운동보다 발레는 나의 몸 곳곳에 대한 감각을 요구했습니다. 나에게 이런 근육이 있었나 싶은 곳까지 신경을 쓰게 만들었으니까요. 신경 쓰지 않는 집이 금세 폐가가 되는 것처럼 나의 몸이지만 신경 쓰지 않았던, 돌보지 않았던 내 몸의 구석구석들은 녹슬어 있었음을 느꼈습니다. '이젠 늙었구나.' 싶기도 하고, 마음대로 움직이지 않는 몸에 짜증이 나기도 했습니다. 또 한 번의 마음챙김, 몸에 대한 알아차림이 필요한 순간이었습니다.

마음챙김과 몸챙김 모두의 기본 조건은 따뜻한 애정으로부터의 관찰입니다. 더불어 몸챙김에는 몸을 수단으로 대하지 않고 삶의 동반자로 대하는 존중의 의미를 담고 있으며, 따뜻한 주의를 기울이면 몸은 자기치유, 자기사랑, 자기다움의 통로가 된다고 문요한 선생님의 저서에서 말합니다. 고통스러운 순간은 누구나 피하고 싶습니다. 몸의 고통도 마찬가지죠. 힘들고 아픈 동작은 피하고 싶습니다.

하지만 피하기만 한다면 우아한 발레 동작은 할 수 없을 겁니다. 반대로 되지 않는 동작을 해내고야 말겠다는 욕심만 앞서 몸의 상태를 고려하지 않고 밀어붙인다면 부상을 입게 됩니다. 몸의 감각에 집중합니다. 몸이 하고 있는 소리에 귀를 기울입니다. 근육이 땅기며 아픈 순간에도 숨이 차오르는 순간에도 짜증이나 무시가 아닌 따뜻한 애정으로 내 몸을 바라봅니다. 내 몸 전체가 함께 호흡합니다. 당장 그만두고 싶은 생각이 들었던 고통은 순간은 어느덧 지나갑니다. 그리고 조금씩 발전하는 내 몸을 알아차립니다. 마치 인생 같습니다.

격렬한 운동을 할 때 심장박동수가 급격히 증가하며 매우 괴로운 순간이 옵니다. 이 순간을 사점死點, 데드포인트Dead point라고 하며 이 순간을 견디고 지나면 고통이 누그러지며 심장박동수도 안정화됩니다. 세컨드윈드Second wind의 순간입니다. 이때는 운동을 계속하고 싶은 의욕도 생겨납니다. 운동에서든 인생에서든 말 그대로 죽을 것 같이 힘든 데드포인트에서는 정말 죽을 것만 같다는 생각에 쉽게 포기하게 됩니다. 포기하게 되면 세컨드윈드의 순풍은 맞이할 수 없습니다.

늘 죽을 것 같이 힘들고, 그 앞에서 포기하면 나 자신도 작아지는 것 같습니다. 그렇다고 무조건 참고 견디는 것이 아닙니다. 진짜 죽을 것 같은지, 죽을 것 같이 힘든 것인지를 잘 구분할 필요가 있습니다. 순간의 고비인 고통이라면 참을 수 있을 겁니다. 그러기 위해서는 무엇보다 나에 대한 알아차림이 있어야 합니다. 그리고 따뜻한 시선으로 바라봐줘야 합니다. 냉정하고 비판적인 시선 앞에서는 솔직해지기 어려우니까요.

심장이 빨리 뛰며 터질 것 같고, 근육이 찢어질 것 같아 "선생님! 죽을 것 같아요!"라고 다급하게 소리치면 세상 단호하고 차분한 목소리로 선생님께서 대답합니다. "안 죽어요. 길게 숨 쉬세요" (사실 속으로 욕을 할 때도 있습니다만) 안 죽는다는 선생님의 말에 '아. 죽진 않는 구나.'라고 안정되는 면도 있는 것 같아요.

그리고 길게 숨을 쉬면서 고통도 조금씩 사그라집니다. '아파! 아파 죽겠다고!' 소리치며 몸에 짜증 내면 쉽게 포기하게 됩니다. 나의 짜증에 몸도 짜증으로 맞받아치는 것 같아요. '니 몸인데, 니가 데리고 사는 몸인데 왜 자꾸 나한테만 뭐라 그래!! 나도 안 해 안 해!!' 이기는 쪽이 없는 싸움입니다. 따뜻하게 바라봐 주세요. '이곳이 안 좋았구나, 왼쪽보다 오른쪽이 좋았구나. 이 근육도 나의 관심이 필요했구나.' 애정이 담긴 호흡으로 몸을 바라봐주면 나의 몸도 고통을 응답하는 대신 고통을 놔줄 거예요. 그리고 새롭고 살아있는 감각을 선물해 줍니다. 안정되고 살랑대는 두 번째 바람(세컨드윈드)을 맞이하는 순간입니다.

"몸을 챙겨야 한다, 몸의 감각을 느껴야 한다, 머리로는 알겠는데 어떻게 느껴야 하는 건가요? 어떤 느낌인건가요? 뭐가 느껴져야만 하는 건가요?" 몸챙김에 대한 수업을 진행하며 많이 듣는 질문입니다. 바쁘고 경쟁적이고 빠르게 변하는 이 시대를 살아나가는 사람들에게 슬프게도 가장 먼저 무시되는 것이 나의 몸인 것 같습니다.

어깨 위에 곰 한 마리쯤은 달고 사는 건 당연한 거라고 생각하진 않나요? 누구보다 잘살고 싶고 먼저 성공하고 싶은 마음에 현재 나의 몸의 혹사쯤은 감수해야 한다고 생각하진 않나요? 해야 할 일은 많고 바빠 죽겠는데 몸이라도 아프면 아픈 몸을 신경써주기보다 이 와중에 아픈 몸에게 짜증이 먼저 납니다. 몸보다 일과 목표가 먼저가 되죠. 바쁜 나날들 속에 몸이 하는 이야기에는 어느새 무음버튼을 눌러놓고 알람무시가 됩니다. 결국 몸이 스스로 전원을 끄려고 할 때쯤에야 몸의 이상을 감지하는 경우가 많습니다.

'순간순간 따뜻한 주의를 몸에 기울이는 것'이라는 몸챙김의 정의 중 이번에는 '순간순간'을 강조하고 싶네요. 시간은 기다려주지 않는다고 하죠. 그 시간이 우리 몸에도 흐릅니다. 우리 몸도 기다려주지 않아요. 문요한 선생의 말씀처럼 몸은 내가 원하는 무언가를 얻기 위한 수단이 아니에요. 몸이 도구처럼 쓰이는 것이었다면 신은 아마 우리 몸을 자동차 부속품처럼 고장나면 새것으로 교체할 수 있도록 만들었을 거예요. 하지만 몸은 하나뿐이죠. 평생을 함께합니다. 함께하는 동반자입니다. 그렇기에 존중하고 사랑하며 잘 알아차려주어야 합니다.

　이렇게 몸에 대한 감각이 무뎌진 것은 대놓고 한 몸의 무시가 아니더라도 다른 이유로도 영향 받습니다. 바로 감정의 무시입니다. 사회생활을 하면서 내 감정을 있는 그대로 솔직하게 표현하는 사람이 얼마나 되겠어요. 좋아도 너무 좋아하지 말고 싫어도 싫은 티를 내지 않는 것이 미덕이라고 강요받습니다. 사회생활을 한다는 것은 감각을 무디게 만드는 과정일지도 모른다는 생각이 듭니다.

　그렇게 무시되고 억압된 감정으로 인해 몸의 감각도 무뎌집니다. 감정이 느껴지는 순간을 떠올려 보면 그 이유를 찾을 수 있습니다. 감정이라는 것은 신체적 반응을 동반합니다. 설레는 순간의 가슴 두근거림, 화나는 순간의 근육들의 긴장감, 슬픈 순간의 명치끝의 아픔 등등 머리로만 느끼는 감정은 없습니다. 사실 감성은 몸으로 느끼는 것이라고 표현하는 것이 더 정확합니다. 생각에 대한 몸의 반응을 감정이라 말할 수 있기 때문입니다. 그런데 감정을 무시하고 억누른다면 어떻게 될까요? 당연히 감정에 따라오는 신체적 반응을 무시하고 억압하는 일이 되고 감정이 무뎌지는 만큼 몸의 감각도 무뎌지게 되는 겁니다. 몸의 감각에 대한 반응이 둔감해진 것 같다고 느낀다면 혹시 나의 감정은 제대로 느끼고 있는지, 반대로 내가 감정에 둔감해진 것 같다면 몸의 감각은 제대로 느끼고 있는지 알아봐야 합니다. 그렇기에 우리에게 마음챙김만큼 몸챙김이 중요한 이유입니다.

마지막으로 몸챙김을 해야 하는 이유는 몸은 현재를 살기 때문입니다. 과거의 젊은 몸으로 또는 미래의 늙은 몸으로 살지 않습니다. 지금 바로 이 순간만을 삽니다. 그리고 현재의 순간을 느낍니다. 학창시절 앉았던 책상의 느낌을 지금 느낄 수 있나요? 돌아가신 부모님의 목소리가 생생히 들리나요? 언젠가 갔던 해외여행지에서 무작정 들어갔던 식당에서 맡았던 냄새를 지금 느낄 수 있나요? 그때의 느낌을 기억해 내거나 상상할 수는 있겠지만 지금 느낄 수는 없습니다.

몸의 느끼는 감각들을 모두 현재의 것이어야만 느낄 수 있습니다. 과거에 살면 후회가 괴롭히고 미래에 살면 걱정이 괴롭힙니다. 생각이 그렇게 만듭니다. 생각은 수십 년 전으로 혹은 수십 년 후로도 내가 원치 않아도 자유자재로 날아다닙니다. 오히려 현재에만 머물러있기 어렵죠. 자꾸 어디론가 새어나갑니다. 생각은 원래 그러합니다.

하지만 몸은 지금 내가 살아있는 현재 순간입니다. 내가 손으로 느끼는 촉감, 숨 쉬는 공기의 온도, 서 있는 발바닥의 압력, 먹는 음식의 맛 등등 몸으로 느끼는 감각은 지금 내가 현재에 존재함을 증명해줍니다. 그렇기에 몸의 감각에 집중하다보면 자연스레 현재를 살게 됩니다. 과거든, 미래든 어디로 흘러갈지 모르는 나의 생각을 제 맘대로 흘러가지 않게 닻을 내려주는 건 바로 내 몸입니다. 생각이 떠가는 곳으로 몸이 갈 수는 없지만 몸이 있는 이곳, 지금으로 떠다니는 생각을 데려올 수는 있습니다. 잠시만 내 몸에 집중해 보세요. 내가 지금 살아있음을 느껴보세요. 현재 나는 존재하고 있습니다. 내가 여기 있습니다. 나의 현재를 느끼게 되는 순간 생각은 자연스레 가라앉습니다.

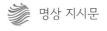

몸챙김

나의 마음만큼 중요한 나의 몸입니다. 나의 몸을 살피는 시간을 마련합니다. 누구에게도 방해받지 않을 시간을 허락하세요.

몸챙김은 편안히 누워서 진행합니다.
어느 한쪽으로 치우치지 않도록 바르게 누워주세요.
베개를 이용하지 말고 뒤통수가 바닥에 닿도록 눕습니다.
턱은 살며시 당기고, 팔은 몸통에서 살짝 떨어지도록 벌려놓습니다.
손바닥은 하늘을 바라보게 두세요.
발도 힘을 툭 풀어 발끝이 몸 바깥을 향하도록 둡니다.
살포시 눈을 감고 자연스런 호흡을 진행합니다.
누워있기에 긴장이 풀리고 호흡이 더 쉬워지지만 잠들기도 쉽습니다.

중간에 잠들어도 좋습니다. 하지만 오롯이 깨어 몸의 감각을 명료히 알아차리도록 노력해보세요.

자연스럽게 호흡합니다.

바닥과 닿아있는 나의 몸을 느끼면서 중력이 있는 그대로를 느껴보세요.

중간에 잠들거나, 다른 생각이 들면 잠듦, 생각을 알아차리고 다시 호흡으로 돌아오면 됩니다.

몇 번의 호흡으로 안정이 되었다면 가장 먼저 발의 감각을 느껴봅니다.

발가락 하나하나, 발등, 발바닥 앞쪽, 발뒤꿈치, 발목 등 따뜻하고 호기심 가득한 열린 마음으로 감각을 느껴봅니다.

아무런 감각이 느껴지지 않을 수도 있습니다. 감각이 없다면 감각 없음 그 자체를 느껴보세요. 무언가 특별함을 느끼기 위함이 아닙니다. 있는 그대로 세세하게 감각을 알아차려 보세요.

혹시 불편함이 느껴지는 곳이 있다면 '아, 이곳이 불편했구나.' 알아차리면 됩니다. 분석하거나 판단하지 마세요. 붙잡지 말고 그저 바라본다고 상상해보세요. 불편함이 느껴지는 곳으로 나의 따뜻한 호흡을 보낸다고 상상하는 것도 좋습니다.

발을 세세하게 느꼈다면 아랫다리를 느껴봅니다.

천천히, 세세히, 다정하게 느껴봅니다.

정강이, 종아리, 무릎, 허벅지 앞쪽, 허벅지 뒤쪽, 고관절, 아랫배, 엉덩이, 허리.

몸통의 안쪽 내장기관, 갈비뼈, 척추, 심장, 등, 어깨, 오른쪽 팔, 왼쪽 팔, 손가락 하나하나 끝까지, 목, 턱, 입술, 치아, 인중, 뺨, 콧구멍, 코벽, 눈알, 눈꺼풀, 눈썹, 미간, 관자놀이, 귀, 정수리에 이르기까지 천천히, 세세히, 다정하게 느껴봅니다.

아무런 감각이 느껴지지 않을 수도 있습니다. 감각이 없다면 감각 없음 그 자체를 느껴보세요. 무언가 특별함을 느끼기 위함이 아닙니다. 있는 그대로 세세하게 감각을 알아차려 보세요.

혹시 불편함이 느껴지는 곳이 있다면 '아, 이곳이 불편했구나.' 알아차리면 됩니다. 분석하거나 판단하지 마세요. 붙잡지 말고 그저 바라본다고 상상해보세요. 불편함이 느껴지는 곳으로 나의 따뜻한 호흡을 보낸다고 상상하는 것도 좋습니다.

처음부터 몸의 구석구석 세세하게 느끼는 것이 힘들다면,

양발과 다리, 엉덩이와 골반, 허리와 등, 아랫배와 가슴, 손
과 팔, 머리로 나누어 감각을 느껴도 좋습니다.

몸 전체를 세세하게 느꼈다면 내 몸 전체가 나의 호흡의 통
로가 되었다고 상상합니다. 나의 숨이 발끝으로 들어와 나
의 몸 구석구석을 거쳐 정수리로 나간다고 상상합니다.

나의 몸 전체로 숨 쉬고 있음을 느껴봅니다.

나의 몸 전체를 충분히 살피고 일어날 때는 급하게 일어나
지 말고 천천히 옆으로 돌아누웠다가 몸의 감각의 여운을
충분히 느끼고 일어나세요.

가벼운 기지개와 같은 스트레칭으로 마무리를 해도 좋습
니다.

걷기 명상

두 발로 걷는다는 건 인간이 가진 특권입니다. 내가 걷고 있음에 감사함을 느껴봅니다. 실내 공간을 짧게 걸어도 좋고, 바깥으로 가벼운 산책도 좋습니다. 음악을 들으며 걷기보다는 오롯이 나의 걸음에 집중하는 시간을 허락하세요.

걷기를 시작하기 전 잠시 가만히 서서 발바닥으로부터 느껴지는 중력과 함께 나의 숨을 느껴봅니다. 조절하지도 통제하지도 말고 자연스러운 호흡을 합니다.

걷기를 시작합니다.
나의 발걸음으로 부드럽고 다정하게 지구에 키스를 한다고 상상해보세요.
천천히 걸으며 나의 한 걸음, 한 걸음의 감각을 세세히 느껴봅니다.

만약 다른 생각으로 빠진다면 다시 부드럽게 나의 걸음으로 감각을 되돌리세요.

바닥을 밟는 발바닥의 감각에 집중하는 것도 좋습니다.

따로 걷는 시간을 마련하기 힘들다면, 출퇴근 길, 화장실 가는 길, 장보러 가는 길 등 그 어떤 걷는 순간이라도 나의 걸음에 집중해보세요.

나의 걸음을 알아차려보세요.

음식은 가장 원시적인 형태의 위안거리다.

- 쉴라 그레이엄

마음 밥은
잘 챙겨 먹고 있나요?

배부른데 자꾸 먹으려고 해요

인간은 살기 위해 먹을까요, 먹기 위해 살까요? 애니메이션 〈헷지Hedge〉에서 동물들이 인간을 바라보며 하는 이야기가 있습니다. 인간이 만든 울타리hedge 때문에 먹이를 구할 수 없게 된 동물들이 음식을 훔치러 마을로 내려온 상황에서 말이죠. 인간의 입을 Pie hole. 집에서만 뒹굴거리는 인간을 couch potato라고 부르는 걸 예로 들며 인간은 '살기 위해' 먹는 자신들과 달리 '먹기 위해' 산다고 말하죠. 그뿐인가요? 핸드폰은 '음식을 부르는 특수한 기계', 초인종 소리는 '음식이 오는 소리', 현관문은 '음식을 전달하는 입구', 오토바이는 '음식을 운반하는 기구'라고 표현합니다. 게다가 식탁은 '음식을 숭배하는 제단'이며, 운동은 '더 많이 먹기 위한 몸부림'이라고 하네요?

정말 인간의 삶은 음식의, 음식에 의한, 음식을 위한 삶이군요. 딱히 부정할 수도 없습니다. 제 삶도 딱 저 영화 속 장면과 다르지 않거든요. 살기 위해선 먹어야 합니다. 하지만 먹는 즐거움이 없다면 딱히 오래 살 이유도 없는 것 같습니다. 먹는 즐거움이 삶의 큰 낙樂인 1인입니다. 맛있는 음식으로 안 좋던 기분도 풀립니다. 반대로 맛없는 음식을 먹고 돈을 지불해야 할 때가 제일 짜증납니다. 한국인만큼 먹는 걸 중요시하는 하는 민족도 없을 겁니다. 안부를 물을 때는 "밥 먹었니?", 약속을 정할 때는 "언제 밥 한 번 먹자!", 고마움을 표시할 때도 "내가 밥 한 번 살게" 등 밥으로 소통하고, 여행을 가서도 관광보다는 맛집이 먼저입니다. 주요 포털사이트와 SNS에서도 '○○ 맛집'은 늘 상위권에 있는 검색 키워드입니다. 먹방은 영어로도 MUKBANG이라고 할 정도로 한국의 시그니처 방송 콘셉트입니다. 진짜 먹다 죽은 귀신이라도 붙은 걸까요? 왜 이렇게 먹는 것을 즐기다 못해 집착하는 걸까요?

급격한 산업발전으로 경제 활성화가 되기 전까지 우리는 끼니를 걱정해야하는 국민이었다고 합니다. 그래서 옛날 어른들에게는 밥이 그토록 중요했던 이유죠. 하지만 지금은 어느 때 보다 풍족해졌습니다. 그리고 먹기 편해졌습니다. 휴대폰 몇 번의 터치만으로 커피 한잔, 케이크 한 조각도 배달되는 시대에 살고 있으니까요.

그러나 제대로 먹고 있는지는 의문입니다. 먹는다는 것은 단순히 입의 즐거움뿐만이 아닙니다. 살아가기 위한 에너지를 얻는 귀한 활동이죠. 하지만 생존을 위해 배고픔을 채우기 위한 먹기의 기능보다는 단순하고 즉각적인 만족을 위한 오락entertainment이

된 것 같습니다. 먹는 것이 귀한 활동이라는 가치는 어디로 간 걸까요? 많이 먹고 자주 먹는 건 사실인 것 같은데 잘 먹고, 제대로 먹고 있는지는 한 번 확인해 봐야할 문제입니다.

우선 가장 먼저 살펴봐야 할 것은 우리가 느끼는 배고픔입니다. 《마음챙김 먹기》의 저자 잰 초즌 베이는 배고픔의 종류를 일곱 가지로 분류했습니다. 눈의 배고픔, 코의 배고픔, 입의 배고픔, 위장의 배고픔, 세포의 배고픔, 마음의 배고픔, 가슴의 배고픔입니다. 이 중 마음의 배고픔은 생각의 배고픔으로 가슴의 배고픔은 감정의 배고픔으로 바꿔 이야기해볼까 합니다.

새로운 메뉴가 광고가 나옵니다. 연기가 폴폴 나는 육즙 가득한 고기에, 물기가 촉촉한 채소에, 주르륵 흘러내리는 치즈와 소스! 당장 사먹어야 할 것만 같습니다. 눈의 배고픔입니다. 실제로 보면 광고와는 다름에 실망하면서도 광고만 보면 꼭 먹어봐야 할 것 같이 눈을 사로잡습니다. 놀랍게도 눈의 배고픔이 입의 배고픔을 이긴다고 합니다. 그래서 같은 양이라도 작은 그릇에 가득 채워 먹으면 큰 그릇에 조금 먹는 것보다 배부름을 느낀다고 해요.

또한 눈의 배고픔이 원하는 것은 진짜 음식이 아니라 시각적인 아름다움이라고 합니다. 더 예쁘게 먹으면 덜 먹어도 더 배부르답니다. 시각적인 배고픔이라면 잠시 파란 하늘을 올려다보고 예쁜 꽃을 보는 것만으로도 배고픔을 달래는데 도움이 된다고 하니 주변의 아름다운 것을 찾아보는 연습도 해야겠어요.

　정말이지 별로 배고프지 않았어요. 뭔가 먹고 싶은 생각도 없었습니다. 오늘은 가볍게 출근 해야지 했는데 출근길 빵집을 지나면서 빵 냄새에 홀린 듯 들어가 빵 몇 개를 샀습니다. 세상에 빵집 옆에 카페에서 나는 커피콩 볶는 냄새는 또 어찌나 좋은지 커피도 한잔 샀습니다. 코의 배고픔입니다. 진짜 안 먹겠다고 했는데 친구가 끓인 라면에 "한입만"을 외치게 되는 건 배고파서가 아니라 냄새 때문입니다. 향기 마케팅이 있을 정도로 향기는 강력함을 가지고 있습니다. 그렇기에 즉각적으로 반응하게 됩니다. 코의 배고픔이라면 음식을 먹기 전 향부터 충분히 음미하는 해 보세요. 향기가 허기를 어느 정도 채워줌과 동시에 음식 맛을 더 풍부하게 해줄 거예요.

　"또 먹어? 배고파?"
　"아니, 그냥 입이 심심해."
　제가 자주 하는 말입니다. '입이 심심하다.' 입의 배고픔입니다. 입이 심심할 때 저는 주로 곰젤리를 먹습니다. 분명 딱 다섯 개만 먹어야지 했는데 어느새 한 봉지를 다 먹었습니다. 어마어마

한 설탕과 칼로리를 먹었다는 생각에 괴롭습니다. 게다가 잘 소화되지 않는 젤리 때문에 속마저 불편합니다. 입의 배고픔이 원하는 것은 입속의 쾌감이라고 합니다. 쾌감은 쉽게 싫증납니다. 점점더 많이, 점점 더 자극적인 음식을 원하게 되는 거죠.

요즘의 음식들이 왜 점점 더 달고 짜고 매워지는지 알 것 같습니다. 입의 배고픔은 목이 마른 상태일 수도 있기에 일단 물 한잔을 천천히 마시는 것도 도움이 된다고 합니다. 갈증이 아니라면 입의 배고픔을 위해선 씹는 즐거움을 갖는 게 중요하다고 해요. 같은 칼로리라면 마시는 것보다 씹는 것이 입의 배고픔을 위해선 더 도움이 됩니다.

흔히 배꼽시계라고 합니다. 아침을 든든히 먹었다 싶은데도 11시 반쯤 되면 기가 막히게 슬슬 배가 고파옵니다. 사실 이건 우리의 위장이 우리에게 배고픔을 알려준다기보다 우리가 위장을 조건화 시킨 것이라고 합니다. '이 시간쯤이면 음식이 들어오겠군.' 하고 위가 기대하고 있는 거죠. 위장의 배고픔은 위장이 실제로 얼마나 채워져 있는가, 혹은 얼마나 비워져 있는가를 느낄 수 있어야 합니다. '이쯤 되면 소화가 되었으니 배고플 때가 되었지.' 라고 추측하기보다 나의 위장의 소리에 귀 기울이는 연습이 필요합니다. 얼마나 위가 채워졌는지 혹은 비워졌는지 느껴보도록 하세요.

　세포의 배고픔은 우리 몸에 부족한 영양소를 알려준다고 합니다. 빈혈이 심한 사람은 철분이 많이 있는 붉은 고기가 당기고, 임산부들이 새콤한 과일 같은 신 음식을 찾는 것은 임신부와 태아에게 도움에 되는 성분이 많기 때문입니다. 세포의 배고픔이 보내는 특정한 음식의 요구를 알아차리는 것도 중요하지만 평소 맛과 즐거움을 위한 음식보다 우리 몸을 위한 먹거리로 신경을 쓰는 것도 중요합니다.

　이제부터의 배고픔이야말로 지금 우리가 겪고 있는 음식에 대한 집착과 같은 사랑을 설명해 줄 수 있을 것 같습니다. 배불러 죽겠지만 디저트 배는 따로 있답니다. 먹다보니 케이크가 또 들어가긴 합니다. 음식을 남기면 벌 받는 답니다. 또 먹으니 들어가긴 하네요. 생각의 배고픔입니다. 우리의 생각이 우리에게 얼마나 큰 영향이 미치는지는 다들 알겁니다. 벗어나려고 할수록 더 옭아매게 만드는 생각이란 너석이 우리의 배고픔에도 제일 큰 영향을 미칩니다.

　우리가 느끼는 다른 어떤 배고픔의 신호보다 생각의 배고픔이 우선시 된다고 합니다. 눈, 코, 입, 위, 세포 모두가 만족한다고,

배부르다고 해도 생각이 배고프다고 하면, 더 먹겠다고 하면 먹는 겁니다. 생각은 당최 만족하는 법이 없기 때문에 자꾸만 더 먹게 됩니다. 또 생각의 배고픔은 우리를 자책하게 만들기도 합니다. '탄수화물은 줄여야 한다.' '설탕은 나쁘다.' '단백질은 충분히 먹어야한다.' '식이섬유가 풍부한 음식을 먹어야 한다.' 등등 음식에 관한 넘쳐나는 정보들로 안 먹던 음식도 더 먹게 만들기도 하고, 행복하게 먹던 음식들을 죄책감이 들게 만들기도 합니다. 정말이지 마음챙김이 필요합니다. 생각을 놓아주고 내 몸이 보내는 신호를 알아차려야 하니까요.

"우리 식구야."

누군가 나를 이렇게 표현했다면 그가 나를 가족처럼 친밀하게 생각하고 있다고 느낄 겁니다. 식구食口의 뜻은 함께 끼니를 같이 하는 사람입니다. 함께 밥을 먹는다는 것은 허기를 채움과 동시에 친밀감을 채우는 것입니다. 음식과 함께 추억, 사랑, 행복이 저장되는 겁니다. 하지만 요즘엔 혼밥족이 대세입니다. 식당에 가보면 스마트폰을 앞에 놓고 이어폰을 낀 채 식사를 하는 사람들을 심심치 않게 볼 수 있습니다.

1인 가구도 많아졌습니다. 음식으로 허기는 채우겠지만 친밀감을 채울 수 있는 기회는 줄어들고 있습니다. 먹방이 유행인 이유도 알겠습니다. 함께 먹는 기분을 느끼고 싶으니까요. 친밀감을 음식으로 채울 수 없습니다. 점점 더 허기질 거예요. 마지막 배고픔인 감정의 배고픔입니다. 심리적 배고픔이라고 표현할 수도 있겠네요.

　문제는 우리가 이런 감정의 배고픔을 알아채지 못하고 음식을 향한 집착으로 풀고 있다는 것이죠. 우선 나의 감정의 허기를 알아채야 합니다. 무조건적인 음식으로는 채울 수 없다는 것도 인정해야합니다. 감정의 배고픔은 교감이 필요합니다. 무슨 음식이든 배달이 되는 이 시대에 다시금 '집밥'이 뜨는 이유는 집밥으로 느끼던 따스함과 사랑, 친밀함이 필요하기 때문일 겁니다. 즐겁게 함께할 수 있는 사람들이 있다면 함께하는 식사를 즐겨보세요. 먹은 양보다 훨씬 더 배부를 겁니다.

　꼭 사람과 함께하는 식사가 아니더라도 교감하고 만족하는 식사를 할 수 있습니다. 우리가 먹는 음식들의 재료 하나하나가 내 앞으로 오기까지 얼마나 많은 사람들의 수고와 노력이 있었는지를 생각하며 감사한 마음을 가져보세요. 어쩌면 이 지구상의 모든 생명체들은 하나로 연결되어 있는 것일지도 모릅니다. 그리고 내가 먹고 있는 이 순간을 즐겨보세요. 나의 존재함을 느끼는 것 보다 강한 친밀함은 없습니다.

마음을 챙기며 먹습니다

따로 시간을 내서 명상을 수련하기 힘들다면 식사시간을 마음챙김 먹기 명상으로 활용하는 것을 추천합니다. 마음챙김 명상을 연습함과 동시에 건강, 다이어트의 효과까지 누릴 수 있기 때문입니다. 특히나 요즘처럼 먹을 것이 널렸지만 제대로 먹지 못하고 있는 시대, 혼밥족이 많은 시대에 꼭 필요한 기술인 것 같습니다. 마음챙김 먹기를 알고 난 후 일부러 혼자 밥먹는 시간을 갖는 다는 분들도 있을 정도로 음식을 대하는 태도, 삶을 대하는 태도를 깨닫게 합니다.

우선 먹는 것보다 더 중요한, 가장 먼저 할 일은 마음을 고요하게 하는 일입니다. 생각을 쉬면서 내 몸의 감각에 집중합니다. 배고픔을 느끼기 위해서입니다, 내가 정말 배가 고픈지, 어디에서 배고픔을 원하는지, 얼마나 배고픈지 알아채려면 고요하게 나의 몸의 신호에 집중할 수 있어야 합니다. 배고픔뿐만 아니라 배부름도 알아챌 수 있어야 합니다. 위장이 어느 정도 채워졌는지, 만족할 만큼 배부른지, 완전히 채워지지는 않았어도 만족할 만큼인지 알 수 있어야 과식으로 밤새 끙끙 대는 실수는 하지 않을 테니까요.

배고픔의 정도를 -5에서 +5까지 수치화해서 느껴보는 연습을 하면 좋습니다. 0점은 배고프지도 배부르지도 않은 평온한 상태, -5는 완전히 쫄쫄 굶은 상태, +5은 배가 터질 것 같이 배부른 상태로 봅니다. -2점에서 -3점 정도에 식사를 하고 +2점 혹은 +3점 정도에서 식사를 멈추는 연습을 해보세요. 굳이 배고프지 않은데 먹을 필요도, 배가 불러오는데 더 먹을 필요도 없습니다. 내 몸에서 보내는 신호를 있는 그대로 느껴보세요. 건강한 식습관으로 저절로 다이어트가 될지도 몰라요!

그리고 마음챙김 먹기의 가장 기본 조건은 '천천히' 먹기입니다. 건강과 다이어트를 위해서 천천히 먹어야 한다는 지겹도록 들어온 말이겠지만 더 강조해도 지나치진 않습니다. 순간순간의 모든 감각과 감정을 알아차리기 위해서는 천천히 할 수 밖에 없습니다. 인간에게 빨리해도 알아차릴 수 있는 능력이 있다면 마음챙김이라는 말이 나오지도 않았겠지요.

수잔 앨버스Susan Albers박사는 마음챙김 먹기Mindful Eating를 네 가지 방법으로 제시했습니다. 우선 음식을 음미합니다. 눈으로 느끼고, 코로 느끼고, 입으로 느낍니다. 재료의 색깔, 식감, 향, 맛을 하나하나 세세히 느껴 보세요. 매일 먹던 음식이라도 처음 맛보는 음식과 같은 호기심으로 대하면 좋습니다. 그러기 위해선 판단하지 않습니다. '반드시 ~해야 해.'란 마음을 갖지 마세요. 세상에 '반드시'란 없습니다.

우리가 가지고 있는 고정관념들이 더 풍부하게 느낄 수 있는 감각을 가로막는 걸림돌이 되기도 합니다. 판단을 내려놓고 먹는 음식에서 의외의 세계를 발견하게 될 수도 있습니다. 먹으면서는 내 몸을 관찰해야 합니다. 내 입은 어떻게 느끼는지, 내 위는 어떻게 느끼는지, 에너지는 채워지고 있는지, 스트레스가 낮아지고 있는지 몸 상태에 대한 알아차림이 필요합니다. 음식으로 먹으며 느껴지는 감각의 즐거움만큼 몸으로 받아들이는 에너지의 공급도 중요한 식사의 역할이기 때문입니다.

마지막으로 이 모든 것들이 일어나는 현재에 머무르기입니다. 방해물을 줄이고 먹기에 집중하면 자연스레 현재에 머물게 됩니다. 식사를 시작하며 자동적으로 TV를 켜거나 핸드폰을 집어 들진 않으시나요? 미디어를 보는 동시에 식사를 하면 우리 뇌는 식사라는 행위보다 미디어를 보는 행위를 더 우선으로 인식한다고 합니다. 미디어를 보면서 먹게 되면 맛도 잘 못 느낄뿐더러 더 많이 먹게 됩니다. 마음챙김 먹기를 위해선 미디어 기기는 잠시 멀리 두세요. 먹을 땐 먹기만 하는 겁니다. 아시죠? 우리의 뇌는 한 번에 한 가지 일밖에 못하다는 사실을요.

마지막으로 이 모든 것들을 모두 감싸고 있는 중요한 요소이자 빠질 수 없는 것, 바로 '감사'입니다. 지금 이 순간에도 지구 어느 곳에서는 굶주림으로 죽어가는 사람들이 있습니다. 오염된 물인 줄 알면서도 먹을 수밖에 없는 사람들도 있고요. 내게 주어진 이 먹을거리가 당연한 것은 아닙니다. 먹을 수 있는 음식은 충분하지만 질병으로 인해 먹지 못하는 사람들도 있습니다. 먹는다는 행위 자체도 당연한 것이 아닙니다. 감사하는 마음이 필요합니다.

먹을거리가 있다는 것 자체에 대한 감사, 그 먹을거리가 깨끗함에 대한 감사, 편히 먹을 수 있음에 감사, 이 모든 것이 내게 오기까지 수고해준 사람들에 대한 감사, 내 몸에 대한 감사, 이것들을 먹고 마시는 순간을 알고 있는 나에 대한 감사, 먹기에 집중하며 현재에 머물고 있는 나에 대한 감사까지 찾아보면 한 끼 식사에 감사해야 할 일들이 너무도 많습니다.

하루라도 먹고 마시지 않고 사는 날은 없습니다. 하지만 그 수많은 먹고 마시는 순간 중 내가 진심으로 먹고 마심을 느끼고 있었던 순간은 많지 않았습니다. 그렇기에 자꾸 먹게 되고, 먹어도 먹어도 아쉬웠나봅니다. 살기 위해 꼭 필요한 먹기이지만 마음챙김 먹기를 통해 우리의 마음까지 성장합니다. 몸과 마음 모두 배부른 식사를 합시다!

명상 지시문

마음챙김 먹기

먹을 때는 먹기에만 집중합니다. 티비나 스마트폰과 같은 미디어는 꺼놓습니다.

우선 나의 몸이 얼마나 배고픈지, 어디가 배고픈지 알아차립니다. 음식을 먹기 전 음식에 대한 감사를 보냅니다. 오롯이 먹기에 집중하는 시간을 허락합니다.

눈으로 먼저 즐깁니다.

다음 향기를 충분히 느껴봅니다.

먹을 때는 천천히 먹습니다.

입안에서 느껴지는 식감, 맛, 향 등 하나 하나 세세히 느껴봅니다.

매번 한 입씩 입 안에 음식을 넣은 후 수저, 포크 젓가락은 내려놓는 것은 천천히 먹는 식사에 도움이 됩니다.

음식을 먹으면서 몸에서 느껴지는 감각도 알아차림 합니다.

얼마나 배가 불러오고 있는지, 에너지는 충전되고 있는지

세세히 알아차립니다.

충분히 배가 부르다면 먹기를 멈춰도 좋습니다.

먹을 수 있는 이 순간, 먹을 수 있는 이 음식, 이 음식이 오

기까지의 수많은 노력과 수고에 감사의 마음을 보냅니다.

물, 커피와 같은 음료를 마실 때도 향과 온도, 촉감, 맛 등

을 세세히, 천천히 느껴보세요.

감각을 충분히 음미해보세요.

자신이 축복받은 것을

헤아릴 수 있게 해주는 셈법이야말로

가장 습득하기 어려운 셈법이다.

- 에릭 호퍼

열
번
째
숨

나는 나를
돌보고 있나요?

자존감을 높이고 싶어요

드라마 〈사이코지만 괜찮아〉 중에 가장 기억에 남는 장면이 있습니다. 자폐를 가지고 있는 형 '상태'를 돌보느라 삶에 지친 동생 '강태'에게 어느 날 밤 형이 말합니다. 너는 잘 때 낑 낑 개 소리를 낸다고 말이죠. 강태 자신은 잘 모르겠다고 갸우뚱하자, 상태는 마음이 아파서 그런 거라 대답합니다. 몸은 정직해서 아프면 눈물이 나지만 마음은 거짓말쟁이라 아파도 조용하다 잠들면 그때서야 아무도 몰래 낑 낑 개소리를 낸다고. 아무것도 모른다고 생각했던 형의 말에 강태는 울음이 터져 나왔습니다. 저도 펑펑 울었더랬죠.

나도 모르게 마음이 울게 내버려 둔 적 있으신가요? 혹시 지금도 마음은 울고 있는데 눈치채지 못한 건 아닌가요? 저도 참 제 마음을 모르고 살았어요. 진짜 내 마음을 챙기기보다 남들에게 보여주는 내가 더 중요했거든요. 주목받기도 좋아했습니다. 주류에서 벗어나면 실패라고 생각했죠. 모든 일에서 1등이고 싶었습니다.

사실 성인이 되기 전까지는 어렵지 않았어요. 주어진 공부만 하면 됐으니까요. 특출나게 잘난 재능이 없으니 공부라도 잘해야 한다는 생각뿐이었죠. 공부는 잘했지만 딱히 목표는 없었어요. 목표가 없었던 건 스스로를 잘 몰랐기 때문이었던 것 같아요. 뭘 좋아하는지, 뭘 싫어하는지, 내가 어떤 사람인지 정확히 알지 못했거든요.

그저 남들이 하니까 하고, 남들이 안 좋다니까 안 하고, '이 나이엔 다들 이렇게 사는 거라더라.'에 맞춰 살았던 것 같아요. 인생이 참 재미없었어요. 주변에 가족도, 친구도 있었지만 나만 외로운 것 같았죠. 누구나 인생 노잼 시기는 있다지만 제겐 유난히 길고 혹독했던 시기였어요.

나도 모르겠고, 남도 모르겠고, 지구라는 별에 잘못 떨어진 것 같았습니다. 하지만 뭐 어쩌겠어요. 남들도 다 이렇게 산다고, 인생은 원래 힘든 거라고 생각하며 괜찮은 척 살 수밖에요. 마음이 울고 있는 걸 몰랐어요. 더 정확히는 마음이 울고 있겠구나 싶었지만 차라리 몸을 울게 만드는 게 낫다 싶었습니다. 몸을 울게 만들면 마음의 눈물은 그칠 거라고 생각했습니다.

그래서 더 바쁘게 지내고 몸을 더 혹사시켰던 것 같아요. 마음이 울 틈을 주지 않는 거죠. 세상 누구보다 바쁘게 지냈지만 삶에 대한 만족감은커녕 오히려 점점 더 내 마음대로 되는 일은 없고 힘들기만 했습니다. 내 마음 하나도 제대로 모르는데 일도, 연애도 제대로 될 리가 없었죠. 문득 그런 생각이 들더군요.

'내가 똥이라 똥파리들만 꼬이는구나.'

자존감도 바닥을 치는 순간이었습니다. 하지만 무서울 것도 없었어요. 이미 똥인데, 똥보다 더 나빠질 수 없을 테니까요. 그래서 도전했습니다. 똥이 아니라 꽃이 되기로! 꽃이 되면 예쁜 나비가 올 테니까요. 그동안 주변에 더 관심이 많았다면 이젠 나에게로 관심을 돌릴 타이밍이었습니다. 온갖 것은 다 아는 척 잘난 체를 그렇게 하고 다녔는데 정작 나 자신에 대해 아는 건 별로 없었습니다.

꽃이 되고 싶다고 해서 하루아침에 꽃으로 변하는 건 물론 아닙니다. 일단 꽃이 잘 자랄 수 있도록 밭을 가꿔야합니다. 아무리 예쁜 꽃의 씨앗이라도 밭이 안 좋으면 자랄 수 없을 테니까요. 우리는 이미 예쁜 꽃을 피울 씨앗을 각자 가지고 태어났으니 꽃을 피우지 못할까 걱정은 하지 않아도 돼요.

밭을 가꾸는 일은 나를 알아가는 일입니다. 나를 돌보는 일입니다. 밭이 비옥하다면 꽃도 열매도 무럭무럭 자라겠죠. 하지만 밭이 엉망이라면 아무리 좋은 씨앗이 와도 금방 죽고 말아요. 내 밭이 엉망인 줄도 모르고 뿌린 씨앗이 안 좋다고 원망만 한다면 앞으로도 절대 꽃을 피울 수 없습니다. 나의 밭을 가꾸기 위해 밭이 어떤 상태인지를 알아야겠죠. 물이 부족한지, 비료가 부족한지, 잡초가 많은지, 벌레가 있는지 등등 일단 알아야 합니다. 알기 위해선 잘 살펴봐야합니다. 아는 만큼 보인다고 하죠. 하지만 내 마음은 보는 만큼 알게 됩니다. 사랑하게 됩니다.

나를 알아가는 과정들은 솔직히 말하면 차라리 모르는 게 나았겠다 싶게 힘들었어요. 그중 가장 어려웠던 점은 나를 있는 그대로 인정하는 일이었어요. 그동안의 나는 내가 만들어 낸 이미지의 나였더라고요.

나름 이 정도면 괜찮은 사람이라고 생각하고 살아왔는데 정작 나의 민낯을 마주하니 정말 별로였어요. 어플로 보정된 셀카가 내 모습이라고 굳게 믿고 살다가 처음으로 필터 없는 카메라를 만난 느낌이랄까요? 흐릿해진 이목구비와 잡티와 모공이 한가득인 피부를 마주하려니 차라리 평생 보정된 사진만 보고 싶은 심정이었어요. 필터의 단계를 조금씩 낮춰가는 여러 단계를 거치긴 했지만 도저히 생_生카메라로 바꿀 자신은 없었죠.

그러다 마음챙김을 알게 되면서 비로소 진짜 나를 인정할 수 있게 되었어요. 마음챙김은 있는 그대로 편견 없이 바라보는 것이죠. 생각보다 많은 사람들이 다른 무엇보다 니에 대한 변견을 많이 가지고 있습니다. 저도 그랬고요. 오히려 다른 사람에 대한 편견은 바뀔 수도 있지만 나에 대한 편견은 편견을 가지고 있다는 것 자체를 깨닫기 쉽지가 않아요. 그렇기에 나 자신을 있는 그대로 바라볼 수 있는 시간을 의도적으로 가져야합니다.

가만히, 고요히 편견 없이 바라본 나의 마음은 그동안 내가 바라봐 주길 너무도 기다리고 있었음이 느껴졌습니다. '더 잘해야 해, 이 정도는 참아야해, 조금만 더, 조금 더, 아니야 그건 옳지 않아.' 등등 생각보다 나 마음에도 많은 편견을 가지고 있었어요. 나의 마음엔 정답이 없는데 마치 정답이 있는 것처럼 억지로 내 마음을 끼워 맞추고 있었던 거죠.

우리가 편견을 갖고 바라보게 되는 건 어쩌면 우리를 보호하기 위해서인 것 같아요. 마음이 다치면 아프고, 아픈건 싫으니까요. 편견이 처음에 나를 보호하려는 갑옷이었더라도, 어느 순간 그 갑옷이 나를 옥죄고 무겁게 짓누르며 나를 더 힘들게 만듭니다. 갑옷 속에 있는 내 자신조차 제대로 볼 수 없게 만드니까요. 갑옷을 벗어 던지는 시간이 필요해요. 갑옷을 벗어도 괜찮다고 나를 허락해주세요. 허락한다는 것은 원하는 일을 하도록 들어주는 것이에요. 가둬두었던 나의 마음이 원하는 것을 잘 들어주세요.

처음엔 내 마음을 있는 그대로 바라보기조차 힘들었습니다. 무엇을 원하는지 들리지 않았죠. 나의 편견의 벽은 높았습니다. 여전히 나를 몰아붙이고 있었죠. 갑옷이 내 몸과 한 몸이 된 것처럼 벗어던져 내기 어려웠습니다. 나그네의 겉옷 벗기기 내기를 한

해와 바람의 이야기 아시죠? 옷을 벗기기에 성공한 것은 몰아치는 바람이 아니라 따뜻한 햇살이었습니다. 나의 갑옷을 벗기기 위해서도 따뜻한 햇살이 필요해요. 나를 따뜻하게 바라보는 애정 어린 시선입니다.

사랑 앞에서는 갑옷도 무장해제 됩니다. 따뜻한 시선으로 바라보자 그제야 갑옷 속에 감춰졌던 나를 볼 수 있었습니다.

미안했습니다. 내가 너무 몰라줬구나 싶었어요. 안아주고 싶었고, 위로하고 싶었어요. '참 많이 힘들었구나.' '애쓰고 살았구나.' '수고했다.' '잘했다.' '충분히 괜찮다.' 내가 듣고 싶었던 말을 해줬습니다. 다른 사람들에게는 쉽게도 내뱉었던 그 말들을 정작 나에게는 왜 그렇게 인색했던 건지… 내가 듣고 싶은 말들이라 다른 사람들에게도 많이 했었나 봐요. 한동안은 명상을 하면서 많이 울었어요. 슬펐다기보다 그동안 밖으로 나오지 못했던 마음의 눈물이 빠져나가는 것 같았어요. 그런데 신기하게도 많이 운만큼 더 많이 행복해졌어요. 나의 눈물이 나의 밭을 촉촉하게 만든 느낌이랄까요? 새싹이 다시 돋아나는 것 같았습니다. 그동안은 아무리 좋은 씨앗이 들어와도 뱉어내는 밭이었다면, 촉촉해진 밭은 어디에선가 날아온 씨앗들도 꽃피울 수 있게 되었습니다. 그렇게 인생은 노잼이고 '세상은 왜 나만 가지고 그래!' 짜증내기도 하고, '이번 생은 망했다보다.' 자포자기도 하고, '나한테 걸리면 다 죽어!' 화내기도 했는데, 세상에 참 아름다운 것들이 참 많구나 느껴지기 시작했습니다. 감사한 것들도 많아졌습니다. 나에 대한 사랑의 시작이 세상에 대한 사랑의 시작이라는 걸 깨달았습니다.

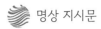

스스로를 위한 위로

다른 사람에게는 친절과 위로의 말을 쉽게 하면서도 정작
나에게는 따뜻한 말이 어려웠나요? 나에게도 친절과 위로
의 말을 건네주세요.

나만을 위한 시간을 허락하세요. 조용하고 방해받지 않는
시간을 규칙적으로 만들면 좋습니다.

긴장을 풀고 가만히 앉아 나의 숨소리에 먼저 집중해 보세요.
한시도 쉬고 있지 않았던 나의 심장과 나의 숨에 감사와 사
랑을 보냅니다.

생각이 자꾸 떠오르면 그저 생각이 났다는 것을 알고 다시
호흡해보세요.
호흡은 조절하거나 통제하지 말고 자연스럽게 그대로 두세요.

자연스러운 호흡으로 안정되었다면 나를 바라보세요.

따뜻하고 애정 어린 시선으로 바라봐 주세요.

지금의 나와 같은 어려움을 겪고 있는 나와 똑같은 친구가 있다고 상상해보세요.

그 친구에게 어떤 말을 해줄지 생각해 보세요. 그리고 그 친구에게 해주고 싶은 말을 스스로에게 전해보세요.

아무 말 없이 그저 따뜻하게 안아주는 모습을 상상하는 것도 좋습니다.

가슴에 손을 포개어 얹고 토닥거리는 것도 도움이 됩니다.

따뜻하고 다정한 말을 나에게 건네면서 느껴지는 모든 감정을 자연스럽게 허락하세요.

나에게로 방향을 바꿉니다

있는 그대로를 허락하는 것, 쉽지 않죠. 생각해보면 어린 시절부터 무언가를 허락받는 일은 긴장되고 조심스러운 일이었던 것 같아요. 혹시나 거절당하면 어쩌나 걱정이 먼저 앞섰죠. 그래서 나 자신에게도 허락하는 것이 어려웠던 것은 아닐까 생각해봅니다. 하지만 그럼에도 불구하고 허락을 요청했을 때 들어주었던 사람들을 생각해보면 나를 사랑스럽게 바라보는 눈빛으로 허락했던 것이 기억납니다. 허락받는 순간의 안도와 기쁨 그리고 믿음이 쌓여갑니다. 인생엔 수많은 거절이 있습니다. 거절 받은 만큼 성장하기도 합니다. 하지만 절대 하지 말아야 할 거절은 나의 마음에 대한 거절입니다. 때론 힘들고, 슬프고, 아픈 마음을 거절하고 싶기도 합니다. 거절은 이미 아픈 마음을 더 아프게 할 뿐입니다. 나에게 일어나는 모든 감정과 감각을 있는 그대로 허락하는 것만으로도 치유는 시작됩니다. 따뜻하게 허락해 주세요. 스스로를 사랑하는 일의 시작입니다.

누구보다 예민하고 이런 예민함이 힘들어 더 이상 예민하고 싶지 않았는데 정작 나의 마음의 소리에는 예민하지 못했어요. 예민함 때문에 힘들어하시는 분들이 꽤 많습니다. 24시간 한시도 쉬지 않고 우리에게 가해지는 자극들은 점점 더 많아지고 날씨마저 예측하기 힘들고, 변화무쌍한 사건사고들로 점점 더 예민해져 가는 것 같아요. 하지만 그 예민함도 우리가 사용하기 나름입니다. 우리의 걱정과 근심, 끊임없이 떠오르는 잡생각들에 예민함의 레이더를 켜놓는다면 우린 점점 더 힘들어질 수밖에 없어요. 세상은 너무 위험한 곳들이고 우리가 위험을 감지하는 레이더는 매 순간 경고음을 울려댈 테니까요. 하지만 예민함의 레이더를 나의 감정과 감각을 바라보는 데 사용한다면 예민함 덕분에 오히려 너그러워질 수 있습니다. 알아달라고 아우성치는 감정과 감각들을 알아차리고 반응한다면 더 이상 아우성치지 않게 될 테니까요. 아우성치기 전에 예민하게 알아차리면 다루기도 훨씬 수월해집니다.

마음챙김은 나를 돌보는 시간입니다. '돌보다'는 '돌다'와 '보다'가 만들어진 단어입니다. '돌다'는 방향을 바꾸는 거예요. 나에게로 방향을 바꾸세요. 외부로부터의 각종 자극만을 바라보지 말고 내 안을 바라보세요. 돌보세요. 나를 안전하게, 제대로, 건강하도록 확실히 하는 것, 그리고 그것에 책임을 지는 것이 나를 돌보는 것입니다. 어떤 감정이든 생각이든 욕망이던 가만히 바라보고 알아차리는 마음챙김은 나를 사랑하는 연습입니다. 유명한 명상 스승 디파 마Dipa Ma는 온전히 사랑할 때 마음챙김을 하게 되고, 온전히 알아차림하는 것이야말로 사랑의 본질이라고 말했습니다. 부모님의 사랑을 내리사랑이라고 합니다. 눈에 넣어도 아프지 않고, 바라만 봐도 배가 부르다고 표현합니다. 그리고 자식의 작은 변화에도 먼저 눈치채고 알아봐 주시죠. 사랑의 마음이 넘치기 때문입니다. 우리가 우리 자신을 볼 때도 애정 가득하게, 사랑스럽게 바라봐 주세요. 그동안 남몰래 울고 있었던 마음을 조금 더 따뜻하게 바라봐주세요.

그런즉 믿음, 소망, 사랑,
이 세 가지는 항상 있을 것인데
그중의 제일은 사랑이라

- 성경, 고린도전서 13장 13절

열한 번째 숨

사랑받고
싶은가요?

어디에도 내 편은 없어요

나에 대한 위로, 나를 돌보는 것, 나를 사랑하는 것은 모두 나 스스로에 대한 자비입니다. 자비는 명상의 꽃이라고 합니다. 자비는 나의 모든 감정, 생각, 관계에 열려있게 해줍니다. 유명한 사람들 중, 혹은 내 곁에 있는 누군가라도 자비롭다고 생각되는 사람을 한 번 떠올려보세요. 모든 것을 받아줄 것 같은 사람이라는 느낌이 따라올 겁니다.

자비는 모든 것에 열려 있고 그 열림으로 알게 된 모든 것들을 받아들여줍니다. 카산드라 비텐 박사는 마음챙김의 본질이 자비심이며 자신의 경험을 자비로운 호기심과 열린 마음으로 탐구하는 것이라고 하며 자비심은 우리의 상처를 어루만지고 치유할 수 있는 기회를 준다고 했습니다.

제가 그랬던 것처럼 많은 사람들이 타인에게는 너그러우면서도 자기 자신에게만큼은 혹독하고 가혹하게 굽니다. 비텐 박사는 이러한 혹독한 자기비판의 목소리는 스스로 만든 환상에 불과하며 비판의 목소리에 귀를 기울여야 성공한다는 것도 환상이라고 말합니다. 오히려 호기심을 갖고 스스로 탐구하는 것이 더 바람직한 선택인 것이죠. 채찍질 같은 자기비판은 오히려 진정한 나를 숨게 만듭니다. 가면을 쓰게 만들죠. 그리고 내가 원하는 바와 전혀 다른 사람을 만들기도 합니다. 나에게 진정한 호기심을 갖지 않았기 때문입니다. 주변 사람들도 나에게서 멀어지게 합니다. 나조차도 내 편이 되어주질 않는데 다른 누가 나를 믿고 내 편이 되어주겠어요? 내가 보살필 가장 첫 번째 사람, 내가 편들어야 할 가장 첫 번째는 바로 나 자신입니다.

하지만 주의할 점 또한 있습니다. 스스로에 대한 자비심을 핑계나 변명으로 사용하지는 마세요. 기껏 벗어놓은 갑옷 대신 또 다른 갑옷으로 갈아입는 것과 다름이 없으니까요. 마음챙김에서의 자비란 부정적이고 괴로운 감정과 같은 현재의 고통을 정확히 인식하고 그 고통을 줄이려는 강력한 바람과 의지를 갖는 것으로 단순히 자신을 격려하거나 모든 것을 장밋빛 낙관주의로 대하는 것이 아니라고 비텐 박사는 설명합니다.

무조건적인 낙관주의만큼이나 자비의 마음으로 자신을 위로하며 나만 고통받고, 나만 불쌍하다고 생각하는 피해의식으로는 빠지지 않도록 주의해야 합니다. 그것은 자기지비가 아니라 자기연민이라고 말합니다. 자비신은 넓은 포용의 마음이이며 실패를 통해 배우고 성장하는 마음이라고 합니다.

김정호 교수의 《마음챙김 긍정심리 훈련》에서 자기자비는 자신에게 따뜻한 공감, 격려, 지지, 축원 등을 보내주는 일이며, 나를 지지해 주고 건강과 행복을 기원해 주는 것이며 나와의 관계를 따뜻하게 만들어 준다고 설명했습니다. 나와의 따뜻한 관계는 다른 사람들과의 관계도 따뜻하게 만들어주는 초석이 되어준다고 합니다.

나를 사랑하는 일은 중요한 일입니다. 가장 빨리 행복해지는 일이기도 하죠. 하지만 나만 행복하다고, 나만 나를 사랑한다고 해서 인생이 행복해지는 것은 아닙니다. 한자 '사람 인人'은 두 사람이 함께 기대고 있는 모양에서 유래되었다고 하죠. 한 명의 사람이 없어지면 나머지 한 명은 쓰러지는 모양새입니다.

즉 사람은 혼자 살 수 없다는 뜻이죠. 사랑은 퍼져나가기 마련입니다. 나에 대한 사랑, 스스로에 대한 자비를 강조하는 것은 단순히 자존감을 올리거나 개인의 행복을 위해서만은 아닙니다. 사랑, 행복, 자비는 나로부터 시작해 밖으로 퍼져나가 함께 행복하기 위함입니다. 내가 알지 못하는 누군가에게까지, 사람이 아니더라도 이 세상에 존재하는 작은 생명체까지도.

나에게서 시작된 작은 선의가 큰 파도가 되어 세상을 변하게 합니다. 나비의 날갯짓만으로도 지구 반대편에서는 태풍이 만들어질 수도 있다는데 나의 따뜻한 날갯짓이 더 나은 세상을 위한 광풍이 되길 바라며 자비의 마음을 가져보세요. 생각보다 빨리 세상이 달라질 거예요.

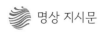

자비 명상

허리를 펴지만 편안한 자세로 앉아 부드럽고 천천히 호흡에 집중합니다.

몇 번의 호흡으로 안정이 되었다면 먼저 이 시간을 마련한 스스로에게 감사와 사랑을 보냅니다.

나의 호흡에 집중하면서 일어나는 감각들을 알아차려봅니다. 몸 전체로 감각의 범위를 넓혀도 좋습니다. 갓 태어난 아기를 다루듯 자신을 순수하고 귀하여 여겨보세요.

나 자신을 위해 기원합니다.

내 안으로부터 오는 고통과 주변으로부터 오는 고통에서 벗어나기를.

내가 건강하고 안전하기를.

내가 평화롭고 자유롭기를

진심으로 나에게 친절과 사랑을 보냅니다.

(여러 번 반복해도 좋습니다.)

나 자신에 대한 진정한 친절과 사랑을 주변으로 퍼뜨려봅니다.

먼저 내가 사랑하는 사람을 떠올려보세요. 여러 명이어도 좋습니다.

그 사람을 위해 기원합니다.

그 사람이 내부로부터 오는 고통과 외부로부터 오는 고통에서 모두 벗어나기를.

그 사람이 건강하고 안전하기를.

그 사람이 평화롭고 자유롭기를.

진심을 다해 그 사람에게 친절과 사랑을 보냅니다.

(여러 번 반복해도 좋습니다.)

나의 친절과 사랑을 나의 가까운 곳에서부터 더 먼 곳까지 퍼뜨려봅니다.

그저 스쳐 지나가는 인연들, 나와 무관한 사람들에게.

그 사람을 위해 기원합니다.

그 사람이 내부로부터 오는 고통과 외부로부터 오는 고통에서 모두 벗어나기를.

그 사람이 건강하고 안전하기를.

그 사람이 평화롭고 자유롭기를.

진심을 다해 그 사람에게 친절과 사랑을 보냅니다.

(여러 번 반복해도 좋습니다.)

나로부터 시작된 친절과 사랑을 나의 주변, 그 주변의 주변을 넘어 이 순간을 함께 살고 있는 직은 생명체에게까지도 나누어봅니다.

세상의 모든 존재를 위해 기원합니다.

세상의 모든 존재가 내부로부터 오는 고통과 외부로부터 오는 고통에서 모두 벗어나기를.

세상의 모든 존재가 건강하고 안전하기를.

세상의 모든 존재가 평화롭고 자유롭기를.

진심을 다해 세상의 모든 존재들에게 친절과 사랑을 보냅니다.

다시 몇 번의 나의 호흡으로 돌아옵니다.

있는 그대로의 나의 존재를 느껴봅니다.

온전함과 안전함을 느낍니다.

그리고 이 시간을 마련한 나 자신에게 다시 한번 감사와 사랑을 보냅니다.

그중에 제일은 사랑입니다

～～～

비가 쏟아져 내리는 월요일이었습니다. 혼자서는 들고 내리기 힘겨울 만큼 무거운 캐리어를 들고나가야 하는 날이었습니다. 전날부터 걱정은 시작되었죠. 비는 얼마나 올까? 뭘 타고 가야 할까? 길은 얼마나 막힐까? 이 무거운 캐리어는 혼자 감당할 수 있을까? 평소 40분이면 갈 수 있는 거리였지만 폭우 속 월요일 출근길 시간은 가늠할 수가 없었습니다.

걱정 한가득에 잠도 설쳤습니다. 새벽에 비가 좀 그치는듯했지만 나갈 시간에 딱 맞춰 어찌나 쏟아지던지 출발도 하지 않았지만 이미 피곤했죠. 다행히 택시는 어렵지 않게 잡을 수 있었지만 기사님께서도 말씀하시더군요. 월요일 출근길이 제일 막히는데 비가 와서 더 많이 막힐 것 같다고 말이죠. 그래도 정체가 조금 덜해 보이는 경로로 가겠다고 하셨습니다.

정체는 곳곳에서 이어졌고 제 마음은 점점 더 조급해져갔습니다. 지도 어플로 가는 길의 정체 상황과 도착시간을 계속 새로 고침하고 있었죠. 제 얼굴을 보지 못했지만 아마 미간에는 인상을 잔뜩 찌푸리고 있었을 거예요. 정체로 차가 서 있던 어느 때쯤 기사님이 물었습니다.

"어디 가시길래 짐이 많으시네요?"

"교육이 있어서요."

마음은 조급하고 괜한 대화가 오가는 것도 불편해서 혹시 대화가 이어질까 최대한 짧게 대답했습니다. 교육(강의)을 하러 가는 길이었지만 기사님께서는 교육을 받으러 가는 길로 이해하신 것 같았습니다.

"요즘 시국이 어려운데 그래도 취업을 했나 보네요."

저는 별다른 대답은 하지 않았고 조급한 마음으로 남은 거리와 시간만 다시 확인할 뿐이었습니다. 그런데 기사님의 들릴 듯 말 듯한, 나지막한 혼잣말이 들렸습니다.

"다행이다…."

순간 마음이 쿵 하고 코끝이 찡해졌습니다. 조급했던 마음이 그 한마디에 갑자기 훅 누그러졌습니다. 기사님의 진심이 느껴졌습니다. 자비의 마음이 갖는 힘을 다시 한번 깨닫는 순간이었습니다. 처음 만난, 잘 알지 못하는 누군가의 기쁨 혹은 슬픔에도 진심으로 공감할 수 있는 마음은 불안하고 조급하고 답답하던 마음도 한순간에 따뜻함으로 채울 수 있었습니다. 그리고 내가 받은 그 마음을 다시 보답하고 싶은 마음도 들었습니다. 폭우 속에서도 안전히 운전하시기를, 기사님이 건강하시기를, 기사님의 가족들도 건강하시기를 기원했습니다.

그러는 사이 어느덧 목적지에 도착했고 내리는 비를 아랑곳하지 않고 기사님은 비를 맞으며 저의 짐을 내려주셨습니다. "감사합니다."란 인사를 여러 번 했지만 여러 번의 인사로 표현할 수 없을 만큼 감사했습니다. 기사님으로부터 채워진 따뜻한 자비의 마음이 온종일 지속됐기 때문이었을까요? 그 이후로도 그날 하루는 사실 여러모로 녹록지 않은 하루였지만 마구 짜증이 나거나 힘들지는 않았습니다.

나의 감정과 생각에도 자비의 마음을, 만나는 사람들마다 자비의 마음을 나눌 수 있습니다. 세상엔 내가 아는 사람보다 모르는 사람이 더 많지만 결국 우리 모두는 연결되어 있다고 합니다. 이러한 연결성은 자비를 통해 느끼고 강화되는 것 같습니다. 세상 누구도 고통을 원하며 고통을 즐기고자 하는 사람은 없습니다.

내가 그러하듯 다른 이들도 행복하고 자유롭길 원합니다. 사람이 아닌 동물과 식물들도 그러하겠죠. 마음챙김 긍정심리 훈련에서 자비 명상의 가장 기본이 되는 것은 '내가 행복을 원하고 고통을 원하지 않는 것처럼, 이 사람도 행복을 원하고 고통을 원하지 않는 것'이라고 합니다. 나를 위해, 내 주변을 위해, 그리고 이 순간을 함께 살아가는 누군가와 생명체들을 위해 자비의 마음을 보내봅니다.

명상 지시문

사랑의 시간들

1년 365일 525600분
여러분이 살아가고 있는 이 귀한 시간들을 어떻게 가늠하고
계신가요?
뮤지컬 〈RENT〉에서 1년의 시간을 날짜, 시간, 계절, 매일의
커피, 만남과 이별로 세어보다 결국엔 사랑으로 이 시간들
을 가늠합니다.

여러분은 시간을 어떻게 재나요?
내가 살아가는 순간을 어떻게 가늠하시나요?
무엇보다 사랑입니다. 나에 대한 사랑, 타인에 대한 사랑,
생명에 대한 사랑, 아주 사소하고도 세세한 사랑부터 불타
오르는 정열적인 사랑까지 진심을 다해 사랑을 세어보아요.

잠들기 전 잠깐의 시간을 허락해보세요.

오늘 하루는 몇 번의 사랑이 있었나요?

나의 하루를 조용히 마무리하는 시간을 가져보세요.

하루에 있었던 사랑의 순간들을 떠올려보세요.

감사한 순간들을 떠올려보는 것도 좋습니다.

아주 작은 것이라도 좋아요.

지금 이 순간 숨 쉬고 있는 것 자체도 사랑이고 감사입니다.

잠들 수 있다는 것도 사랑이고 감사입니다.

사랑과 감사의 순간의 따뜻함을 충분히 느껴보세요.

내일도 사랑과 감사가 찾아올 겁니다.

모든 사람의 내면에는

언제든 물러나 자신을 찾을 수 있는

고요한 안식처가 있다.

– 헤르만 헤세

열두 번째 숨

나만의 쉴 곳을
찾았나요?

진짜 나를 모르겠어요

~~~~~~~~

어느 때보다 전 세계적으로 연결된 시대에 살고 있습니다. 한 번의 클릭으로 지구 반대편의 친구와 만날 수도 있어요. 내 집 소파에 누워서 전 세계를 쇼핑도 할 수 있죠. 10여 년 전쯤엔 뉴욕에서 유행한 아이템이 우리나라에서 유행하기까지 1년이 걸리기도 했지만 요즘은 전 세계가 동시 유행입니다.

전 세계는 점점 연결되고 있습니다. 덕분에 실시간으로 세계의 사건 사고의 정보를 알 수 있기도 하지만 알고 싶지 않은 정보, 가짜 정보도 넘쳐 납니다. 실제로 알지 못하지만 SNS 상의 여러 사람들과 나를 비교하고 경쟁하기도 합니다. 우리의 모든 주의 attention가 외부로만 향하고 있는 느낌입니다.

모두와 연결되어 있는데 정작 나 자신과는 연결되어 있나요? 나무의 가지는 끊임없이 옆으로 하늘로 뻗어져 나가는데 뿌리는 자라지 않는다면 어떻게 될까요? 작은 충격에도, 그다지 세지 않은 바람에도 쓰러지고 말 겁니다.

외부로의 연결은 참 쉬워졌는데 그에 비하면 나의 내부로의 연결은 상대적으로 어렵게 느껴지는 것 같습니다. 나와의 연결은 클릭 한 번, 터치 한 번으로 이루어지진 않으니까요. 의도적인 노력이 필요합니다.

나를 위한 시간, 진짜 나를 만나는 시간이 필요합니다. SNS 속 사람들은 항상 행복해 보입니다. 항상 완벽하지요. SNS 속 나도 마찬가지입니다. 필터를 쓴 나의 얼굴은 잡티를 찾을 수 없습니다. 나의 삶도 잡티가 없어 보입니다. 삶의 여러 퍼즐 중 가장 완벽하고 예쁜 퍼즐만 모아놨거든요. SNS는 완벽하게 만든 일종의 나의 부캐입니다.

몇 년 전 마미손을 시작으로 유산슬, 다비이모, 린다G, 비룡에 이르기까지 부캐가 유행입니다. 원래 나에서 벗어난 새로운 캐릭터들이죠. 본캐라면 하지 않았을 행동들도 부캐는 서슴없이 하며 통쾌함을 안겨주기도 합니다. 연예인 같은 파격적인 부캐 놀이는 못하지만 우리 모두들도 여럿의 부캐를 가지고 살아갑니다. 상황에 따라, 주어진 역할에 따라 변하는 나의 모습은 어느 정도 필수이니까요.

적당한 부캐는 사회 적응에 도움을 주기도 합니다. 나를 보호해 주기도 하고요. 어른이 된다는 건 어쩌면 여럿의 부캐를 만들어내는 것인지도 모른다는 생각을 했습니다. 여전히 철없지만 성숙한 어른인 척, 피곤에 쩔었지만 에너자이저인 척, 바빠 죽겠지만 여유로운 척 내가 만들어 낸 부캐는 내가 가지고 있지 않은 모든 것을 가지고 있는 것 같습니다.

하지만 부캐는 어디까지나 부캐일 뿐입니다. 부캐가 더 인기 있고 즐겁다 해도 결국은 본캐로 돌아오기 마련입니다. 그렇기에 진짜인 나, 본캐를 잊지 말아야 해요. 언제든 힘들고 지치면 돌아올 곳은 진짜 나이니까요. 하지만 부캐에 빠져있다 보면 어느새 본캐를 잊은 채 부캐가 내 전부가 된 것 같아집니다.

그러다 현실을 자각하는 순간이 오는 거죠. '아, 이건 내가 아닌데. 나는 원래 이런 사람이 아니었는데.' 하는 순간이. 그런데 막상 '나다운 건 뭐지? 나는 어떤 사람이지?'라는 의문이 듭니다. 어디로 돌아가야 할지 길을 잃은 듯이 막막해져 갑니다. 나를 잃지 마세요. 꾸며지지 않는, 무엇인가를 하고 있지 않은, 존재 자체의 나를 만나는 시간을 가져야 합니다.

뮤지컬 〈키다리 아저씨〉의 주인공 제루샤는 고아원에서 자랐습니다. 고아원에서 한 방에 스무 명이나 되는 아이들과 같이 생활했습니다. 대학을 가게 된 후에야 처음으로 혼자 쓰는 기숙사 방을 갖게 되었습니다. 혼자인 이곳에서 제루샤는 키다리 아저씨에게 이렇게 편지를 씁니다.

'18년 동안 스무 명의 아이들과 함께 방을 쓰다가 혼자 지내니 무척 평화로워요. 그 덕분에 처음으로 제루샤란 아이와 사귈 기회가 생겼어요. 전 그 아이를 좋아하게 될 것 같아요.'

제루샤는 알고 있었던 것 같습니다. 고독의 시간은 나에게 가까워지는 일이고 그것은 나를 사랑하게 되는 일이라는 걸 말이죠. 고요함을 만나는 시간을 가질 때마다 사회 속에서의 내가 아닌 존재 그 자체로서의 나에게 좀 더 가까워진 느낌입니다. 제루샤처럼 여러 명이서 같은 방을 쓰다가 나 혼자 독방을 갖게 된 기분입니다. 나 혼자 방에 있는 것이 처음엔 낯설고 외롭게 느껴질 수도 있습니다. 하지만 듣고 싶지 않아도 들리고 보고 싶지 않아도 보이는 복작거리는 방이 아니라 나의 고요함을 찾을 수 있는 시간을 즐겨보세요. 나를 좋아하게 될 겁니다.

혼자만의 시간이 필요하다고 하면서도 정작 혼자인 시간을 못 견뎌하는 사람들도 많습니다. 혼자 있는 시간이 재미없거든요. 지루하게도 느껴집니다. 혼자 있는 시간에 도대체 뭘 해야 하는지 막막해합니다. 내가 뭘 좋아하는지, 뭘 하고 싶은지 모르겠다고 말합니다. 세상 온갖 뉴스와 유행에는 그렇게 관심이 많았으면서 정작 나에 대한 관심은 부족한 요즘입니다. 최근 들어 가상 많이 회자되는 말 중에 하나가 '현타' '번아웃'인 것 같아요. 목표와 성과만을 위해 달리다 보니 결국 나를 잃었다고 합니다. 돌아갈 곳을 잃어버린 겁니다. 망망대해에 나 홀로 떠있는 기분이 들기도 합니다. 우리 모두에게 돌아갈 곳, 나를 붙잡아 둘 곳은 필요합니다. 언제고 돌아갈 곳이 있다는 것은 든든한 백이 있는 것처럼 큰 힘이 되니까요.

언제나 연결되어 있는 이 시대에 의도적인 고독의 시간이 필요합니다. 이 고독의 시간은 세상과는 떨어진 시간이지만 나와는 연결된 시간입니다. 하루 종일 컴퓨터와 스마트폰, 주변 사람들에게 빼앗겼던 주의를 나로 돌아오게 하는 시간이 필요합니다. 나와의 튼튼한 연결이 흔들리는 세상에서도 굳건히 설 수 있게 나를 붙잡아 줍니다.

케렌시아Querencia는 '애정, 애착, 귀소 본능, 안식처' 등을 뜻하는 스페인어로, 투우 경기에서 투우사와의 싸움 중에 소가 잠시 쉬면서 숨을 고르는 영역을 말합니다. 소가 본능으로 삼은 자신의 피난처로 이곳에서는 투우사도 공격을 하지 않는다고 합니다. 최근에는 지친 현대인들이 나만의 공간, 혹은 휴식을 취할 수 있는 공간을 찾는 경향을 케렌시아라고 부르기도 한다고 합니다. 편히 쉴 수 있는, 안정감을 줄 수 있는 물리적인 공간이 있는 것도 중요합니다. 하지만 그보다 더 중요한 것은 나의 마음의 고요함, 나의 마음의 케렌시아입니다.

우리 모두 내면의 안식처가 있습니다. 케렌시아의 뜻에 귀소 본능, 안식처, 애정의 뜻이 함께 있다는 것은 우리의 케렌시아를 잘 설명합니다. 내가 어떤 모습이건, 어떤 상황이건 마땅히 언제든지 돌아갈 곳이며, 그곳에선 편히 쉴 수 있습니다. 편히 쉬며 스스로를 돌보고 사랑하게 되면 다시 세상으로 나아갈 힘을 얻습니다.

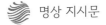

내 마음의 케렌시아

바르고 편안한 자세로 앉아 따뜻하고 천천히 호흡에 집중
합니다. 몇 번의 호흡으로 안정이 되고 나면, 이 시간을 마련
한 스스로에게 감사와 사랑을 보냅니다.

나의 호흡을 가장 따뜻하게 느낄 수 있는 곳을 찾아봅니다.
인중, 미간, 가슴 혹은 심장, 아랫배 등 감각의 열고 호흡의
따뜻함을 느껴봅니다.
나의 호흡이 가장 따뜻하게 느껴지는 그곳에 작은 샘물을
상상해봅니다.
언제나 평온하고, 안전하게 쉴 수 있는 곳입니다.
그곳에서 아무런 방해도 위험도 없이 편히 쉽니다.

나의 호흡이 나의 보호막이 되어 준다고 상상하는 것도 좋
습니다.

나의 주변으로 크고 따뜻하고 안전한 보호의 동그라미가 있다고 상상해보세요.

그 따뜻하고 안전한 동그라미 속에 앉아 있음을 느껴보세요.

그곳에서 아무런 방해도 위험도 없이 편히 쉽니다.

이곳은 안전합니다. 아무런 걱정 마세요.

이곳은 나만의 장소입니다. 누구도 방해하지 않습니다.

이곳은 언제나 올 수 있습니다.

나를 기다립니다.

내가 쉴 수 있기를.

내가 고요해지기를.

내가 평안해지기를.

가장 중요한 건 눈에 보이지 않습니다

우리가 명상과 마음챙김을 하면서 내 마음의 케렌시아를 찾는 것은 현실에서 도피하거나 현실을 외면하기 위해서는 아닙니다. 있는 그대로의 현실을 받아들이며 명료한 선택을 하고 도전에 실패하더라도 스스로를 격려하며 앞으로 나아가기 위함이죠.

명상으로 흔히 떠올리는 이미지 때문인지 명상을 하면 성공에서 멀어지는 것 아니냐는 질문을 받기도 합니다. 내려놓고 받아들이는 것을 안주하는 것이라고 여기거나, 스스로에 대한 위로를 자기합리화라고 생각하기도 합니다.

명상을 하는 이유, 마음챙김을 하는 이유는 속세를 떠나 해탈을 하기 위해서도 아니고, 모든 것을 다 내려놓기 위해서도 아닙니다. 명료한 마음으로 내 삶을 후회를 줄이고, 고통이 오더라도 이를 충분히 감내할 힘을 길러, 더 나은 방향으로 나아가게 만드는 것이 명상과 마음챙김을 하는 이유입니다.

'후회 없이 살고 싶다.'고 말하죠. 하지만 후회가 없을 수 있을까요? 짜장을 먹으면 짬뽕이 먹고 싶고, 짬뽕을 먹으면 짜장을 먹을 걸 후회합니다. 그래서 짬짜면을 만들었더니 이도 저도 아닌 것 같아 완전히 짬뽕이나 짜장 하나를 먹는 게 낫다고 말합니다. 하물며 짜장과 짬뽕 사이에도 이렇게 고민과 후회를 반복하는 인간인데, 후회하지 않고 살 수 있을 리가요. 다만 후회를 줄일 수 있다면 최대한 줄이고, 후회를 하더라도 책임지고 받아들일 수 있는 용기가 필요합니다.

누구나 오늘은 처음입니다. 인생이 아니라 오늘 하루조차도 두 번 살 수 없어요. 처음이기에 실수도 하고 실패도 합니다. 하지만 이왕이면 똑같은 실수와 실패는 반복하지 말아야겠죠. '다시는 이러지 말아야지!' 결심을 하곤 하지만 어느새 까맣게 잊고 또다시 같은 실수를 반복하는 것이 다반사입니다. 그러고는 '나는 맨날 이래, 어쩔 수 없나 봐.'라며 자책의 굴레를 스스로 만듭니다. 하루를, 순간을 알아차리고 있지 못하기 때문입니다. 1분 1초도 놓치지 않고 살 수는 없겠지만 중요한 선택의 순간만큼은 명료하고 또렷하게 순간을 챙기고 있어야겠죠. 그래야 후회도 줄일 수 있을 테니까요.

프랑스 실존주의 철학자 사르트르는 "인생은 B와 D사이의 C다."라고 했습니다. Birth(탄생)에서 Death(죽음)에 이르기까지 인생은 항상 Choice(선택)의 연속이니까요. 하루에도 수많은 선택을 합니다. 어떤 선택을 할 때 생각보다 많은 요소들이 선택에 영향을 미칩니다. 객관적인 수치와 증거들은 머리로 충분히 이해할 수 있습니다. 하지만 선택에 머리만 필요하지 않아요. 마음이 필요합니다. 어쩌면 마음이 더 크게 작용합니다. 《감성지능》의 저자 대니얼 골먼은 지성은 감성이 있어야 최상의 상태로 작동한다고 한다고 말합니다. 감성을 현명하게 사용할 수 있어야 성공적인 선택을 할 수 있다는 것이죠. 내 마음이 원하는 것, 내 감정이 원하는 것을 알아차리는 것이 중요합니다. 조금이나마 후회를 줄일 수 있는 방법입니다. 마음을 잘 챙겨야 합니다.

소설 《어린왕자》에서 가장 중요한 것은 눈으로는 보이지 않는다고 했어요. 왜 보이지 않는다고 했을까요? 그럼 어떻게 봐야 할까요? 마음으로 보는 힘이 그만큼 강력하고 정확하다는 뜻은 아닐까요? 온 마음을 다해야 보입니다. 중요한 선택의 기로에 있다면, 갈피를 못 잡겠다면, 마음을 먼저 챙겨 보세요. 모든 방해물과는 조금 떨어져 나의 고요함을 찾는 시간을 가져보세요. 단 몇 분 동안의 시간이라도 괜찮습니다. 괜한 간섭만을 일으키는 잡생각들은 고요함 너머로 가라앉히고, 나의 마음이 원하는 것은 알아챌 수 있습니다.

선택에는 책임이 따릅니다. 그렇기에 선택을 앞두고는 고민이 생기고 선택한 후에는 후회가 생기기도 하죠. 일단 선택을 했다면 선택에 대한 책임을 다하는 것도 능력입니다. 물론 기쁘고 행복한 책임만 있지는 않습니다. 어느 정도의 희생이나 고통을 감수해야 하죠. 피하지 않고 어려움도 함께할 수 있는 힘을 마음챙김이 돕습니다.

어려움이 닥칠 때 지레 겁먹고 도망치는 경우가 많습니다. 막상 경험해보면 별것 아닐 수도 있는데 말이죠. 그렇게 도망치다 보니 어려움을 견뎌낼 면역력이 점점 약해지는 것 같습니다. 반대의 경우도 있습니다. 어려움에 도망치진 않지만 사그라져가는 어려움을 자꾸 긁어 부스럼을 만드는 거죠. 스스로를 어려움에서 벗어나지 못하게 합니다. 물론 자신은 의식하지 못하고 있겠지만요.

마음챙김 명상은 회피나 주의전환이 아닙니다. 책임을 피하거나 고통을 느끼지 않도록 하지 않습니다. 책임과 고통을 견디게 합니다. 똑바로 바라보게 하기 때문이에요. 나의 생각, 감정들을 있는 그대로 바라보고 있나요? 나도 모르게 일종의 조작, 편집된 생각과 마음인 경우가 많습니다. 있는 그대로 바라보는 것만이 가지고 있는 힘이 있습니다. 피하지도 붙잡지도 않고 바라보면 자연스럽게 필터를 제거하고 진짜인 모습만 남게 하거든요.

케렌시아에서 잠시 숨을 고르면 소는 다시 투우사와 싸우러 나아갑니다. 다시 싸울 힘과 나름의 전략이 생겼기 때문이겠지요. 우리의 케렌시아에서 마음을 챙겨보세요. 가만히 나의 호흡을 느껴보고, 나의 마음을 알아차림 해 보세요. 답이 보이지 않던 문제도, 갈팡질팡하던 선택의 기로에서도, 또렷해진 나를 발견할 수 있을 겁니다. 그리고 실패해도 괜찮아요. 최선을 다한 당신 그 자체만으로도 충분합니다. 나의 마음은 언제나 내 편일 테니까요.

행복한 모든 순간들을 소중히 간직하라.

그것은 노후에 훌륭한 대비책이 된다.

- 크리스토퍼 몰리

열심히 살았지만
공허한가요?

너무 앞만 보고 달렸어요

저는 아직 성장기입니다. 제 성장이 멈추는 것은 제가 죽는 날이 될 겁니다. 물론 키나 몸무게가 자라는 것은 아닙니다. 아쉽게도 저의 신체는 노화 중입니다. 하지만 나의 마음, 나의 삶은 성장 중입니다. 나이가 든다고 모두가 당연하게 내면이 성숙해지고 성장하는 것은 아닙니다.

"왕년에 내가 말이야."를 외치며 과거 속에서만 살면서, "네가 뭘 알아? 어디 감히! 내가 맞아!"를 외치며 주변에 벽을 쌓는 '꼰대'가 되고 싶진 않습니다. 사회적으로, 경제적으로 성공했다고 해서 "내가 누군지 알아?"를 외치며 '갑질'하는 사람이 되고 싶지도 않습니다.

성공의 사전적 정의는 목적한 바를 이룸입니다. 받아쓰기 100점, 전교 1등, 명문 대학, 대기업, 억대 연봉 등등이 목적한 바겠죠. 이 목적한 바를 이루고 나면요? 그다음은요? 성공하고 난 그다음은 어떻게 되는 거죠?

사회적으로 성공한 사람들이라 불리는 사람들의 공허함, 허무함, 우울함의 이야기를 종종 듣습니다. 그토록 많은 일들을 하고 많은 것을 얻었음에도 마음은 채워지지 않는 걸까요? 성공은 과제 지향적인 경우가 많습니다. 완료하고, 달성해야 하는 임무가 있는 것이죠.

그리고 우리가 사는 지금의 시대는 이런 과제 지향적인 삶을 부추깁니다. 지금껏 무엇을 했는지, 지금 무엇을 하고 있는지, 앞으로 무엇을 할 것인지 끊임없이 묻습니다. 무엇을 하는지doing에만 몰두해 있습니다. 하지만 사람은 Human being입니다. Human doing이 아닙니다. 존재를 잊은 채 주어진 작업만을 하는 것은 기계일 뿐입니다.

저도 남들과 다르지 않게 항상 목표가 있는 삶을 살아왔습니다. 지금도 목표가 없다는 것은 불안한 일이긴 합니다. 목표가 있고, 그 과제를 달성하는 삶도 중요합니다. 우리를 강력하게 움직이게 하는 동기 중 하나이기 때문입니다.

움직이려면 연료가 필요합니다. 공기, 물, 음식과 같이 생존에 필요한 기본 연료나 승진, 연봉, 명예와 같은 보상도 연료가 되겠죠. 하지만 이런 외부에서 공급되는 연료뿐만이 아니라 자체 내에서 발전되는 연료가 있다면 갑자기 멈춰 서는 일은 발생하지 않겠죠. 뿐만 아니라 내가 직접 만들어 낸 연료는 연료통 자체를 크게 만들기도 합니다. 배터리 용량이 커지는 것과 같지요.

우리의 존재함을 느끼는 것이 자가 발전 연료입니다. 목표를 향해 달려가는 무엇보다 강한 힘입니다. 나의 존재함을 느끼지도 못하면서 달성하는 목표야말로 목표 달성 후의 허탈감이 몰려오기 마련입니다. '내가 뭘 위해 이렇게까지 달려왔나.' 하는 순간이죠.

우리 모두는 존재합니다. 존재함으로 인해 이 순간을 삽니다. 존재함 자체만으로도 가치가 있습니다. 무엇을 할까 보다 현재 어떻게 존재하고 있는지를 오롯이 느껴보세요. 삶을 깊이 느껴보세요. 나의 영향력을 주변으로 퍼뜨려주세요. 나를 성장시켜주세요.

《최고의 휴식》에서 요다라 불리는 저자의 스승은 산을 오를 때 정상만을 바라보고 간다면, 일단 빨리 정상을 올라가야 한다는 조급함에 길가의 풀꽃, 나무, 경치와 같이 다른 것을 즐길 여유가 없어지고 이러한 조급한 마음을 해소하지 못하면 분노가 생긴다고 말합니다.

'현타'라는 말이 유행하고, 직장인의 85퍼센트 이상이 '번아웃 증후군'을 겪는 나라. 정상을 향해 가며 경치를 즐긴 추억보다는 정상에 얼마나 빨리 올랐는지, 정상에서 찍은 사진만이 더 중요한 나라. 왜 그렇게 우리 속에 화가 많아졌는지 이해가 갑니다. 남의 성공에 축하의 박수를 보내지도 못하고, 나의 성공에 충분히 기뻐하지도 못합니다. 분노에 가득 찬 성공을 원하는 사람은 없을 겁니다. 분노에 가득 찬 성공을 성공이라 말하기도 어렵겠지요. 내가 무엇을 해야 하는지 만큼 내가 어떻게 존재하고 있는지에 대해서도 신경을 써야 할 때입니다. 아무리 정상에서 찍은 사진이라도 해도 나의 인생이라는 앨범에 달랑 정상에서의 사진 한 장만 있다면 그 사진조차 외로울 것 같습니다. 정상으로 가는 길목마다 잠시 멈춰 서서 나의 존재함, 그리고 나와 함께하고 있는 것들의 존재함을 느껴보세요. 내 인생의 앨범이 풍성해질 겁니다. 여러 번 봐도 새롭고, 자꾸 봐도 재밌는 어릴 적 앨범처럼요. 꾸준히 성장하고 있는 나를 담아보세요.

진통제가 아니라 영양제입니다

발레리나라도 될 것처럼 한동안 발레에 빠져있었지만 지금은 발레를 하고 있지 않습니다. 첫 수업의 어리바리함과 힘듦이 적응되고 발레의 매력을 알아가면서 자신감도 조금 생겼었습니다. 발레라기보다는 스트레칭에 가까웠던 가장 낮은 레벨을 탈출하여 다음 레벨로 올라가기도 했습니다.

더 잘하고 싶은 마음이 생기더군요. 다리도 더 쫙쫙 찢고 싶고, 점프도 더 높이 하고 싶고 반에서 제일 잘하는 사람과 경쟁심도 생겼습니다. 물론 상대방은 제가 안중에도 없고 저 혼자만의 경쟁이었지만요.

내 몸이 어떻게 움직이는지 집중하기보다는 다른 사람이 어떻게 하는지 더 신경 쓰이게 되더라고요. 그러다 결국 사달이 났습니다. 점프 동작을 하고 착지하던 도중 발목이 제대로 꺾였습니다. 나무가 부러질 때 나는 '우지끈!' 하는 소리가 실제로 제 발목에서 들렸습니다. 다행히도 뼈가 부러진 건 아니었지만 한동안 절뚝거리는 신세였습니다. 발레를 시작하며 마음챙김의 깨달음을 얻었었는데, 마음챙김이 사라진 순간 바로 사고로 이어졌습니다.

마음챙김이 성형수술 같았으면 얼마나 좋을까 생각한 적이 있습니다. 성형수술은 한 번 수술을 하면 계속 지속이 되잖아요. 하지만 마음챙김은 한 번으로 지속되지 않습니다. 계속해서 노력해야 해요. 복근 만들기 같습니다. 운동을 열심히 해서 복근을 만들었지만 운동을 그만두고 마음대로 먹으면 금방 지방이 덮이고 식스팩은 사라집니다. 계속 관리를 해줘야 하죠. 마음챙김을 멘탈 피트니스, 마음의 근육을 키우는 일이라고 표현하기도 하는데 정말 딱 맞는 말입니다.

물론 복근을 만드는 것보다는 훨씬 쉽다고 장담합니다. 닭 가슴살만 먹거나 근육통에 시달리며 운동을 하진 않아도 되니까요. 여하튼 중요한 것은 계속하는 것, 그것입니다. 제대로 된 근육을 만들기는 어렵습니다. 사용하지 않으면 금방 사라집니다. 마음 근육도 마찬가지입니다. 끝은 없습니다. 완성도 없습니다.

마음챙김은 늘 진행형입니다. 명상선생님으로 불리고 있지만 마음챙김을 놓치는 날이 여전히 있습니다. 욱하면서 짜증을 내기도 하고 괜한 걱정으로 잠 못 들기도 합니다. 하지만 예전과 다른 점은 내가 돌아갈 곳을 알고 있다는 것입니다. 그리고 다시 시작하면 된다는 것을 압니다.

마음챙김을 한동안 놓쳤다고 자책하거나 후회하지 마세요. 지금 그저 다시 시작하면 됩니다. 마음챙김은 매번이 시작입니다. 조금 더 빨리 벗어나 일어나고, 조금 덜 후회하며 살지만 완벽한 행복이나 삶에 통달한 것은 전혀 아닙니다. 매번 새롭게, 처음처럼, 열린 마음으로 마음챙김을 하려는 마음을 잊지 않을 뿐입니다.

괴로운 일이 있을 때 간절히 기도합니다. 이 고통에서 벗어나게 해달라고, 고통에서 벗어날 수 있다면 무엇이든 하겠다고. 명상에 관심을 가지고, 마음챙김 명상수업에 참여하고, 이 책을 읽고 있는 분들 중 많은 분들이 지금의 뭔가 불편하고 고통스러운 상황에서 벗어나고 싶은 마음이 있을 겁니다. 명상과 마음챙김으로 얻게 될 효과들을 기대하면서요. 충분히 원하는 효과를 얻게 될 겁니다.

문제는 그다음입니다. 고통에서 벗어나길 그토록 간절히 기도했었는데, 그 고통에서 벗어나고 나면 기도하지 않죠. 언제 내가 그렇게 간절했나 싶습니다. 그리고 다시 고통스러운 순간 찾아오면 생각나겠죠. '아, 맞다! 기도해야지! 명상해야지!' 아플 때마다 한 알씩 먹으면 되는 진통제가 아닙니다. 진통제에 내성이 생기듯이 진통제처럼 명상과 마음챙김을 사용한다면 점점 원하는 효과는 떨어집니다. '언제 편안해지는 거야. 생각은 왜 안 없어지는 거야, 왜 잠이 빨리 안 오지?' 고통으로의 해방은커녕 또다시 혼자 싸우고 있게 됩니다.

마음챙김 명상이 필요한 순간은 내가 힘들거나 괴로운 때가 아니라 내가 괜찮을 때, 좋을 때, 잘 살고 있을 때 더 열심히 해야 해요. 질병이나 재난이 오고 난 다음의 치료보다 문제가 생기기 전 예방이 무엇보다 최고라는 걸 다들 알잖아요. 건강은 건강할 때 지키는 것이라고 하죠. 마음건강도 똑같습니다. 고통 속에 있을 때는 마음도 여유가 없어 명상이 필요하면서도 집중하기 쉽지 않습니다.

　　하지만 잘 살고 있을 때, 삶의 여유가 있을 때 마음의 여유와 함께 마음의 근육을 키우는 연습을 해 두세요. 지금 느끼는 행복이 더 크고, 길게 유지될뿐더러 고통의 순간에도 도망가지 않을 힘이 생길 겁니다. 힘들 때 찾는 진통제가 아니라 평소에도 챙겨 먹는 영양제처럼 마음챙김이 일상의 일부가 되었으면 합니다.

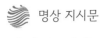 명상 지시문

생활 속 명상

단 10초라도 매일 마음챙김을 실천해 보세요. 조금씩, 천천히, 꾸준히. 아침에 양치를 하듯 혹은 잠자기 전 영양제를 챙겨 먹듯이 매일 같은 시간, 같은 장소에서 하는 것이 도움이 됩니다.

마음챙김 명상은 할 일이 아닙니다. To do list에서 지워주세요. 그저 존재함being입니다.

너무 애쓰지 마세요. 자신에게 혹독하게 굴지 마세요. 보살피고, 돌봐주세요.

해는 다시 또 떠오릅니다. 또다시 새롭게 시작할 수 있는 하루입니다. 오늘 시작하면 됩니다.

방해받지 않을 나만의 시간과 장소를 마련하세요. 혹은 출근길, 퇴근길의 잠깐이 시간이라도 괜찮습니다.

언제나 그렇듯 시작은 나의 호흡입니다.

통제나 조절 없이 자연스럽게 호흡해보세요.

어떤 생각이나 감정이 떠올라도 판단하지 마세요.

마치 난생처음 만나본 새로운 물건처럼 호기심을 가지고 바

라보세요.

어떤 왜곡이나 편견 없이 바라보세요.

좋은 상태를 유지하려고 애쓰지도 마세요.

애쓰는 것은 싸우는 것입니다.

있는 그대로 인정해 주세요.

모든 것은 자연스럽게 사라집니다.

붙잡지 밀고 내버려 두세요.

내가 변화될 수 있다는 믿음을 가지세요.

지금 이 순간 나의 숨에 집중하고 있는 것만으로도 변화는

시작되었습니다.

세상에서 가장 지혜로운 사람은

배우는 사람이고,

세상에서 가장 행복한 사람은

감사하며 사는 사람이다.

- 《탈무드》에서

열네 번째 숨

좋은 것만
남기고 싶은가요?

매일매일 평온하고 싶어요

"오늘 느꼈던 좋은 것들은 잊으세요."

마음챙김 명상클래스를 마치며 전하는 말입니다. 마음챙김 명상을 통해 안정감, 이완감, 평화로움 등 긍정적인 경험을 하게 됩니다. 이러한 긍정적인 경험이 마음챙김 명상을 앞으로 꾸준히 해봐야겠다고 결심하는 계기가 되는 건 사실입니다. 하지만 특정한 상태를 유지하는 것, 특히 좋은 느낌을 유지하려고 하는 것은 절대! 마음챙김 명상이 아닙니다. 세계적 영성가인 에크하르트 톨레는 《지금 이 순간을 살아라》에서 이렇게 말합니다.

'평화를 추구하지 마십시오. 지금의 상태가 아닌 다른 상태를 추구하지 마십시오. 지금 속에 있지 않을 때, 당신의 내면의 갈등을 겪게 되고 무의식적으로 저항하게 됩니다. 평화롭지 못한 자신을 용서하십시오. 당신이 스스로 평화롭지 못하다는 것을 완전하게 인정하는 순간, 불화는 평화로 변화될 것입니다. 완전한 수용은 당신을 평화 속으로 데려갑니다. 그것이 내맡김의 기적입니다.'

저도 처음 마음챙김 명상을 시작하고 언젠가 한번 제대로 따뜻하고 평화롭게 느껴져 신비했던 경험이 있습니다. 마치 따뜻한

신의 품속에 들어온 느낌이랄까요? 나를 감싸는 따뜻함이 있었습니다. 아무리 오래 자도 개운함은 없었는데 온몸의 긴장이 풀리고 복잡했던 머리도 개운해졌었습니다. '이게 마음챙김 명상이구나! 이래서 좋다는 거구나!' 싶었죠. 마치 해탈을 해서 공중부양이라도 한 듯한 느낌이었습니다.

그런데 그 후 명상을 할 때마다 그 느낌을 찾게 되더군요. '왜 그때 느낌은 안 오지? 오늘은 내가 집중을 못 했나?' 이런 생각을 하고 있다는 사실을 자각하지도 못하고 저는 여전히 명상을 하고 있다고 생각했습니다. 명상 실력이 늘지 않는다고만 생각했죠. 집중력이 부족하다고 자책하기도 했습니다. 많이 겪는 시행착오에 저도 걸려들었습니다.

마음챙김 명상은 좋은 상태를 유지하는 것이 아닙니다. 고통이든 부정적인 감정이든 그 모든 것을 있는 그대로 경험하고자 하는 것이 마음챙김 명상입니다. 마음챙김 명상을 하면서 경험하는 좋은 기분, 이완된 느낌들이 마음챙김 명상에 다가가게 하면서도 결국엔 가로막는 벽이 되기도 합니다.

그래서 처음 클래스를 경험하신 분들께 오늘 느낀 좋은 기분으로 마음챙김 명상에 긍정적으로 다가가는 것은 좋지만 그 기분이나 느낌들은 잊으라고 말씀드립니다. 고락이 있는 우리의 삶처럼 마음챙김 명상에도 다양한 경험들이 있으며 우리가 마음챙김 명상을 하는 이유는 이 경험들을 있는 그대로 바라보기 위함이니까요.

평화를 추구하면 평화가 오지 않는데, 평화를 포기하니 평화가 온다니 우리 마음은 참 어려운 것 같습니다. 우리 마음은 기본 값을 가지고 있다고 합니다. 그 기본 값은 평화와 행복입니다. 이미 우리가 가지고 있으면서 다른 곳에서 찾으려고 하니 찾을 리 만무합니다.

자꾸만 무엇을 해야 하는 Doing의 습성 때문에 평화와 행복도 무언가를 해야만 따라오는 결과라고 생각하고 있는 것 같아요. 나를 무언가를 하기 위한, 특히 평화와 행복을 얻기 위한 수단으로 만들지 마세요. 지금 여기 있으며, 존재함 자체를 음미하는 순간 평화와 행복은 내 안에서 빛을 발하게 됩니다.

나의 매일이 완벽하길 바라기도 합니다. 순금이라고 판매되는 금도 99.9퍼센트의 금이지 100퍼센트의 금은 아닙니다. 완벽이란 없습니다. 특히 우리 삶은 더욱 완벽이란 없습니다. 몇 번을 정제하고 정제해야 순금의 99.9퍼센트가 나오는 것인데, 우리의 삶은 매일이 처음인데 어떻게 완벽할 수 있겠어요. 다행히 다른 모든 사람들도 오늘은 처음입니다.

누구나 오늘을 처음 살아갑니다. 그렇기에 실수를 합니다. 나만 실수하지 않아요. 다들 실수를 하고 후회를 하고 살아요. 다들 크고 작은 고통과 시련도 경험합니다. 나 혼자만이 아닙니다. 평화를 얻고자 할 때 평화를 추구하는 마음을 내려놓으면 온전한 평화가 오는 것처럼 누구나 실수를 하고, 고통과 시련을 겪는, 불완전함을 허락할 때 세상도 나를 허락해 주는 것 같아요.

저도 여전히 화가 나고, 짜증이 몰려오며, 수많은 시행착오 속에서 좌절하기도 하지만 그런 나를 있는 그대로 허락하려고 합니다. 오늘의 나를 있는 그대로 받아들이려고 합니다. 마음을 챙깁니다. 나의 오늘을 음미합니다. 숨을 쉬며, 길을 걸으며, 밥을 먹으며, 대화를 나누며 오늘 하루를 세세하게 알아차리세요. 마음챙김입니다.

다음의 행동 중 하루에 몇 가지나 하는지 한 번 골라보세요.

침대에서 일어나기, 화장실 가기, 양치하기, 세수하기, 머리 감기, 샤워하기, 물 마시기, 요리하기, 먹기, 설거지, 화장하기, 양말 신기, 옷 입기, 엘리베이터 타기, 걷기, 운전하기, 계단 오르내리기, 대중교통 이용하기, 의자에 앉기, 메일 쓰기, 문자 보내기, SNS 하기, 회의하기, 커피 마시기, 담소 나누기, 산책하기, 청소하기, 정리하기, 쓰레기 버리기, 걸레 빨기, 손빨래하기, 빨래개기, 화초 가꾸기, 요가, 운동, 달리기, 웨이트 트레이닝, 반려동물 돌보기, 화장 지우기, 스트레칭하기, 일기 쓰기, 침대에 눕기

단 하나도 해당사항이 없다면 아마 살아있지 않을 수도 있습니다! 심장이 뛰고 있는지 확인하세요! 이 중에 몇 개나 해당이 되는지 개수를 세기 위해 보여드린 예가 아닙니다. 우리가 하루를 살아가며 마음챙김을 할 수 있는 순간들을 나열해 본 겁니다.

나열된 것보다도 훨씬 더 많은 순간마다 마음챙김을 할 수 있습니다. 아침에 일어나자마자 나의 몸의 감각 하나하나를 세세히 느끼는 것, 커피 한잔의 향과 온도, 맛을 음미하는 것, 걸을 때는 발끝부터 발바닥, 발뒤꿈치까지의 움직임을 느끼는 것, 샤워를 하며 물줄기의 감촉, 온도, 몸의 곳곳을 느끼는 것 모두가 일상의 마음챙김 명상입니다.

내가 겪는 특별하지 않은 일상적인 일들에도 분명히 깨어있는 것이 마음챙김 방법입니다. 오늘을 살고, 현재를 느끼는 방법입니다. 그러기 위해선 한 번에 한 가지 일만 하는 것이 무엇보다도 중요합니다.

TV를 보면서 밥을 먹거나, 양치를 하면서 일정을 확인하는 것 대신 한 가지 일에 집중해 보세요. 그리고 이왕이면 천천히 해보세요. 훨씬 수월하게 마음챙김하게 됩니다.《잃어버린 시간을 찾

아서》를 쓴 프랑스의 작가 마르셀 프루스트는 '진정한 발견이란 새로운 경치를 찾는 것이 아니라 새로운 눈을 갖는 것'이라고 했습니다. 마음챙김이라는 새로운 눈으로 나의 마음, 나의 삶을 진정으로 발견해 보세요.

지금을 살아야 합니다

"몇 번이면 되나요?"

헬스클럽에 등록하며 복근이 만들어지기까지의 레슨 횟수를 묻는 질문이 아닙니다. 마음챙김 명상 수업을 들으며 언제쯤 고통에서 해방되는지를 묻는 질문입니다. '빨리빨리'를 좋아하는 민족답습니다.

'빨리빨리' 때문에, 주변은 신경도 못 쓰고 정상만 쫓은 덕분에(?) 지칠 때로 지쳤으면서도 여전히 빠른 결과만을 생각합니다. 그러고 보니 지금껏 살면서 빨리했다고 칭찬받은 적은 있어도 천천히 했다고 칭찬받아 본 적은 없네요.

10분 만에 한 끼를 해결하고, 에스컬레이터에서도 가만히 기다리지 못해서 걷고, 3초의 버퍼링도 견디지 못하고 새로 고침을 눌러야 하는 우리들에게 천천히, 가만히, 꾸준히는 참 어려운 일입니다.

게다가 마음근육은 식스팩처럼 변화가 눈에 보이는 것도 아니니 마음챙김의 가치를 어떻게 설명해야 할까 고민이 많습니다. 정답은 없습니다. 다만 지금부터 당장, 단 1분이라도 이 순간을 진정으로 느끼며 나와 친구가 되는 것이 시작이겠지요.

한 컷 한 컷의 노력의 모여 한 편의 영화가 탄생합니다. 인생이라는 영화가 있습니다. 오늘의 한 컷에 제대로 집중하지 않으면서 아카데미 영화상을 받는 영화가 되길 바라는 건 유튜브 운동 동영상을 보기만 하면서 살이 빠지길 바라는 것과 같겠죠.

일단 하세요. 시작하세요. 단 1분이라도 좋습니다. 오늘을, 지금을 살아요! 우리!

오늘 하루가 좋은 하루, 행복한 하루가 아니었다고 해서 실패하는 건 아니에요. 있는 그대로의 삶에 최선을 다하고, 깊이 느끼고, 하루의 진가를 알아보며 감사할 뿐입니다. 실패해도 좋아요. 잘되지 않아도 괜찮아요. 오늘을 있는 그대로, 매 순간을 발견하는 당신은 충분히 괜찮은 사람입니다.

그리고 감사합니다. 당신께 미리 감사드립니다. 이 순간에 존재하고, 이 세상에서 함께하고 있음에 감사드립니다. 당신의 삶에서도 감사를 발견했으리라 믿습니다. 그래서 감사합니다. 잠시라도 내가 살아있음, 나의 존재함을 느꼈다면 숨을 쉬는 일조차 당연한 일이 아니라는 것을 느꼈을 겁니다. 세상에 당연한 일은 없습니다. 하지만 당연하다고 여기며 살기에 감사함도 잊게 됩니다. 감사함을 잊지 말았으면 해요. 내가 겪는 어떤 일이든, 내게 주어진 어떤 것이든 소중한 선물로 돌아볼 때 감사한 마음이 우리에게 주어진다고 합니다. 현재가 선물Present이란 걸 잊지 마세요. 우리에게 주어진 가장 소중한 선물입니다.

감사 명상

하루의 시작 혹은 마무리에서 감사를 선택해보세요. 그러나 억지로 감사를 만들어내지는 마세요. 진심으로 느껴지는 감사만이 효과가 있습니다.

감사할 일을 찾을 수 없다면 내 존재에, 내 숨에 집중하는 연습으로 시작하세요.

나의 숨에 감사합니다.

내가 살아있음에 감사합니다.

천천히 자연스럽게 나의 숨을 충분히 느껴보세요.

나에 몸에 대해 감사해보세요.

나의 하루에 대해 감사해보세요.

살아있는 지금이 곧 선물입니다.

내가 받은 선물에 감사합니다.

나로부터 시작된 감사에서 주변으로부터의 감사로 넓혀보
세요.

아주 작고 소소한 감사부터 시작해보세요.

당연하다고 생각했지만 당연하지 않은 것들을 찾아보세요.

그것들에게도 감사해보세요.

에필로그

~~~

감정의 롤러코스터를 타며 욕망과 걱정에 가득 찬 맥시멀 리스트였습니다. 이제 좀 내려놓으란 말에 내려놓을 만한 건 하나도 없이 다 짊어지고 갈 거라고, 내려놓느니 차라리 짊어지고 갈 체력을 키우겠노라고 말하던 사람이었습니다. 주변에서 수없이 좀 내려놓으라는 말을 들었지만 지쳐 쓰러지지 않고서야 그 말이 와닿지가 않더라고요. 필요한 것만 가져가라는데 뭐든 다 필요할 것만 같았거든요. 이제야 내려놓을 줄도 알게 되었습니다. 정확히 말하면 내게 필요한 것이 무엇인지 알게 된 거지요. 짊어진 짐보다 내가 더 소중한 걸 알았습니다. 짐이 가벼워지니 주변도 더 잘 보이고 먼 길도 덜 지칩니다. 조금 더 빨리 알았다면 하는 아쉬움도 있지만, 이제라도 알 수 있던 게 다행이다 싶습니다.

아직도 짐을 챙기느라 정작 자신을 챙기지 못하고 있는 사람들을 봅니다. 전에 제가 들었던 말들처럼 조금 내려놓으라고 말해주고 싶어요. 하지만 예전 저처럼 잘 들리지 않겠죠. 그럼에도 불구하고 조금이라도 쉽고 따뜻하게 전해주고 싶습니다. 임시방편 같은 뻔한 말보다, 남들 다 하는 말보다, 오래도록 언제라도 근본적으로 스스로를 잘 챙길 수 있는 방법을 나누고 싶습니다. 좋은 건 나눠야 하는 법이니까요.

　운동을 하며 가장 어려운 것은 운동을 하는 것이 아니라 운동을 하러 집을 혹은 침대를 나오는 것입니다. 그리고 운동 중에 가장 어려운 운동은 제일 처음 하는 운동입니다. 시작이 반이라는 말이 괜히 있는 건 아닙니다. 그만큼 시작이 어렵습니다. 일단 시작하세요! 바로 지금이요! 이 글을 읽자마자 시작하세요. 거창하게 시작할 필요도 없습니다. 책을 덮고, 편안히 앉아 1분이면 됩니다. 명상과 마음챙김에 대해 조금의 관심이라도 생겼다면 바로 지금 시작하세요. 관심보다 더 중요한 것은 실행입니다. 매일매일 언제라도 마음챙김이라는 단어가 떠오른다면 단 1분의 시간이라도 마련해보세요. 인생의 터닝포인트가 될 1분일 수도 있습니다. 해도 후회, 안 해도 후회라면 하고 나서 후회하는 게 낫지 않을까요? 딱히 손해 볼 이유도 없는데 말이죠. 요즘은 슬프게도 티끌 모아 티끌인 세상이라고 합니다. 하지만 아직 기회가 있습니다! 티끌 모아 태산이 될 수 있는 오늘의 1분에 투자해보세요. 다른 누구도 아닌 오직 나를 위해, 나만의 시간을 허락하세요. 실패해도 괜찮아요. 실패는 당연합니다. 내일 또다시 시작하면 됩니다. 지금의 단 1분이 시작입니다.

마음 챙기기 좋은 날

오늘은 쉬고 싶어서 쉽니다

1판 1쇄 펴낸날 2022년 2월 18일

지은이 정혜윤

책만듦이 김미정 본문꾸밈이 이민현 표지꾸밈이 홍규선
표지 사진 Shutterstock.com

펴낸곳 채륜 펴낸이 서채윤
신고 2007년 6월 25일(제2009-11호)
주소 서울시 광진구 자양로 214, 2층(구의동)
대표전화 1811.1488 팩스 02.6442.9442
E-mail book@chaeryun.com Homepage www.chaeryun.com

ⓒ 정혜윤. 2022
ⓒ 채륜. 2022. published in Korea

책값은 뒤표지에 있습니다.
ISBN 979-11-90131-11-7 03190

잘못된 책은 바꾸어 드립니다.
저작권자와 출판사의 허락 없이 책의 전부 또는 일부 내용을 사용할 수 없습니다.
저작권자와 합의하여 인지를 붙이지 않습니다.

함께 꿈을 펼치실 작가님을 찾습니다.
소중한 원고를 보내주시면 특별한 책으로 만들겠습니다.

채륜(인문·사회), 채륜서(문학), 띠움(과학·예술)은 함께 자라는 나무입니다.
물과 햇빛이 되어주시면 편하게 쉴 수 있는 그늘을 만들어 드리겠습니다.